종교와 예술의 뒤안길에서

종교와 예술의 뒤안길에서 - 유동식 신학적 수필집
지은이   유동식
펴낸이   정덕주

펴낸 곳   한들출판사
편집부장   이순임
웹마스터   이준구
북 디자인 임규열

110-736 서울시 종로구 연지동 136-46 기독교회관 710호
등록 제2-1470호 1992.
E-Mail: book@ehandl.com
홈페이지: www.ehandl.com
전화: 741-4068~70 FAX 741-4066

2002년 11월 14일 초판 1쇄 인쇄
2002년 11월 23일 초판 1쇄 발행

ISBN 89-8349-208-2 93230

* 총판/ 비전북 TEL 031) 907-3927~8
* 잘못된 책은 바꿔 드립니다.

종교와 예술의 뒤안길에서

유동식

한들출판사

책 머리에

고희를 지난지도 십년이 되었다.
인생은 칠십이요
강건하면 팔십이라 했다
땅의 연수로는 긴 세월을 살았다.
하지만,
하늘에서 본다면
한 순간에 지나지 않을 것이다.

땅에는 끝이 있고
하늘은 영원하다.
땅에서 하늘을 숨쉬며
살아 가자는 것이
종교와 예술이리라.

종교와 예술의 뒤안길에서
서성대며 살아온 나를
되돌아 보며
스케치해 보았다.

2002년 초가을

素琴 柳東植

차례

책머리에

I. 역사의 소용돌이 속에서

1. 종교적이며 예술적인 존재 15
    1) 신학과 미술 사이―15
    2) 종교-예술적 존재―17
    3) 고대인의 문화적 흔적―20

2. 하나님을 떠난 인간 상황 24
    1) 비인간화된 집단 속에서―24
    2) 아담의 배신과 카인의 문명―27
    3) 종교적 예술: 게르니카―30

3. 해방의 복음 34
    1) 8·15 해방과 구원―34
    2) 해방의 복음―37
    3) 삶의 기쁨―40

II. 혼돈과 나그네의 사랑

1. 혼돈과 빛 47
    1) 해방공간―47
    2) 깨어진 환상―50
    3) 혼돈과 빛―53

2. 전쟁과 사랑 ·· 56
   1) 사랑과 6·25 동란—56
   2) 고향과 나그네—59
   3) 벌거벗은 십자가—63

3. 나그네의 자유와 사랑 ··· 67
   1) 나그네의 자유—67
   2) 여장(旅裝): 도와 로고스론 서설—69
   3) 사랑과 아름다움—71

III. 한국문화와 기독교

1. 문화와 복음 ·· 83
   1) 문화의 장벽—83
   2) 토착화 논쟁—85
   3) 미술의 토착화: 한국화의 형성—88

2. 종교와 복음 ·· 93
   1) 평신도의 특권과 복음—93
   2) 큰 스승과의 만남—97
   3) 피에타와 관세음보살—101

3. 무교와 한국문화 ··· 105
   1) 우리의 마음 바탕―105
   2) 무교 문화론―109
   3) 무교 미술과 한국화의 뿌리―112

IV. 풍류신학으로의 여로

1. 풍류도와 한국사상 ·· 121
   1) 풍류 반 연구 반―121
   2) 풍류도와 한국문화―127
   3) 한국사상의 징검다리―129

2. 풍류신학으로의 여로 ··· 135
   1) 《한국신학의 광맥》―135
   2) 풍류신학의 의미―138
   3) 풍류신학으로의 여로―141

3. 3·1문화와 풍류도 ··· 145
   1) 고희와 기념 논문집 《한국종교와 한국신학》―145
   2) 문화신학으로서의 풍류신학―149
   3) 3·1 문화론―152

V. 우리의 긍지와 사명

1. 풍류도와 한국미 161
   1) 풍류도와 무사도 — 161
   2) 미륵반가사유상 — 164
   3) 청자의 마음 — 170

2. 밀레니엄과 삼대 거작 174
   1) 제1밀레니엄과 〈최후의 심판〉— 174
   2) 제2밀레니엄과 〈지옥의 문〉— 178
   3) 제3밀레니엄과 석굴암의 묵시 — 182

3. 동방의 등불 187
   1) 동방의 등불 — 187
   2) 종교-예술적 영성: 풍류도 — 191
   3) 거룩한 드라마 — 193

에필로그: 포구(浦口)에 서서 197
   1) 주상관매도 — 199
   2) 우주적 사랑의 공동체 — 202
   3) 고향의 노래 — 206

I. 역사의 소용돌이 속에서

나치 독일이
스페인의 한 작은 마을을 무차별 폭격한 데 대한
피카소의 분노를 그린 〈게르니카〉와,
제2차 세계대전이 끝나자
사랑과 평화를 노래한 그의 〈삶의 기쁨〉이
한데 어우러져 있다.
죽음과 삶, 전쟁과 평화가 맴도는
역사의 소용돌이 한 가운데서
우리는 살아오고 있는 것이다.

소금, 〈역사의 소용돌이〉, 2000

역사의 소용돌이 속에서

우리 세대만치 거센 역사의 소용돌이 속에서 살아 온 사람들도 흔치 않을 것 같다. 일제 식민지 치하에서 노예와 다름 없는 생활을 하다가 돌연듯이 해방을 맞이했고, 그토록 염원하던 독립국가를 세웠다. 하지만 남북으로 분단된 두 쪽의 나라였다.

이것은 동서양 양대 이데올로기의 대립 갈등이 빚은 작품이다. 결국 이것이 화근이 되어 동족끼리 서로 죽이는 6·25동란의 비극을 치러야만 했다.

자주적인 독립국가가 되었다지만 밖으로는 여전히 강대국들의 꼭두각시 노름을 해야만 했고, 안으로는 독재 정권들에 의해 억압된 세월을 살아야만 했다.

그러는 와중에서도 슬기로운 우리 민족은 경제도 발전시켰고, 세계 장정들을 불러들여 올림픽 경기와 자랑스런 월드컵 경기를 치르는 등 독자적인 문화를 발전시키며 살아왔다.

실로 우리는 요란한 역사의 소용돌이 속에서 살아오고 있다. 그러나 우리에게 천지개벽의 역사를 초래하게 한 것은 역시 일본 제국의 식민지로부터 해방되어 독립을 회복한 사실이다. 이것은 인류의 역사를 섭리하시는 하나님의 은총에 힘입은 사건이었다.

나는 하나님의 그 크신 은총의 한가운데서 살아왔던 것이다.

1. 종교적이며 예술적인 존재

1) 신학과 미술 사이

일본 제국의 식민지였던 시대의 이야기이다.

태평양전쟁이 한창이던 1943년 이른 봄, 나는 신학을 공부할 생각에 동경으로 건너갔다.

식민지 백성으로 교육받고 자라나는 동안 어느새 정신적 억압이나 민족적 열등의식에도 익숙해진 것만 같았다. 그러나 한편, 평생을 그렇게만 살 수는 없는 것이 아닌가 하는 생각이 들었다. 타고난 운명이라지만, 그래도 이것을 극복할 길을 찾아야만 하지 않겠는가. 그러나 나에게는 그것이 정치적 민족운동 같은 것은 아니었다. 나로서는 이러한 현실을 초월할 수 있는 절대적 가치의 세계를 추구하는 것이라 생각했다. 그리하여 결정한 것이 종교적 진리를 추구하는 신학의 길이었다.

나는 어려서부터 조부모님 슬하에서 살았다. 감리교회의 장로였던 조부님은 한문으로 된 성경에 파묻혀 언제나 유유자적하는 분이었다. 교회 일에만 관심을 기울일 뿐, 세상 일에는 신경을 쓰지 않았다. 또 한 분, 어려서부터 내가 따르던 이는 작은 숙부였다. 그는 감리교신학교를 나온 후, 어촌 아니면 시골에서 목회하며 조용히 살고 있었다.

이분들의 삶이 불행한 현실로부터의 도피인지 아니면 초월인지 나로서는 분간할 수 없었다. 그러나 부조리에 찬 고난의 현실을 극복하며 살아가는 모습으로 느껴졌다. 그리하여 나도 성서적 진리에 대한 공부의 길을 떠나기로 했던 것이다.

동경에 도착한 나는 입학원서를 두 곳에 제출했다. 하나는 신학교였고, 다른 하나는 미술학교였다. 그해 일본은 동경에 있는 각 신학교들을 하나로 통합하여 동부신학교라는 것을 만들었다. 따라서 신학교에 입학할 수 있는 기회는 한 번밖에 없는 셈이다. 나는 입학할 자신이 서지 않았다. 그러므로 만약의 경우에는 미술을 공부할 생각이었다.

미술에 대한 관심은 동생 병식(예명, 柳民)이를 통해서였다. 그는 아직 고등학교 학생에 지나지 않았지만, 그가 춘천중학교 3학년이던 1941년, 학생공모전인 "선만중등미전"에 입선한 후로는 화가의 길을 걷기로 하고 미술공부에 전념하고 있었다. 그는 미술을 통해 세계를 깊고 넓게 이해해 가고 있었다.

우리는 네 살이란 나이 차를 가진 형제였지만 서로의 생각을 진솔하게 나누는 사이였다. 종교와 예술에 대해 이야기를 나누며 서로 격려하기도 했다. 나는 또한 동생을 따라 그림을 그리는 등 미술체험을 해보기도 했다. 그리고 예술이 종교와 마찬가지로 현실을 초월하거나 극복할 수 있는 절대적 가치의 세계를 추구하고 있다는 사실을 알게 되었다.

다행히 나는 두 학교로부터 입학허가 통지를 받았다. 물론 신학교를 택했다. 성경을 읽기 위해 헬라어를 배우며, 신학개론 강의를 듣는 등 새로운 세계에 접했던 나는 거의 흥분한 상태에서 학문을 즐겼다.

얼마 후에 동생으로부터 다소 어두운 편지 한 통을 받았다. 그가 조선 미술전람회에 출품했던 작품이 낙선된 데 대한 그의 울적한 기분을 적은 편지였다. 나는 이에 대해 이렇게 썼다.

> "예술에 있어서 입선이니 낙선이니 하는 것이 무슨 의미 있는 것이냐. 르노와르였던가, 그림을 그리고 스스로 즐기는 것으로써 충분하다고 말한 것이 생각난다. 나도 그렇게 믿는다. 예술가로서의 너는 너 자신의 세계를 갖는 것으로써 충분하다. 하나님 앞에 선 단독자로서 절대적 세계를 살아가는 것이 예술가가 아니냐"(1943. 9. 3).

이것이 예술에 대한 나의 신념인 동시에 신학하는 나의 입장이기도 했다. 종교와 예술은 세상의 상대적 잣대를 넘어서 사는 세계에 속한다.

동생은 물론 일시적인 기분에 흔들리는 사람이 아니었다.

유민, 〈후평리의 석양〉, 1941(선만중등미전 입선작)

2) 종교-예술적 존재

신학은 하나님에 관한 학문인 동시에 하나님과의 관계에서 인간과 삶의 본질을 규명하는 학문이다. 그리고 그 규명의 토대가 되는 것은 인간의 합리적인 이성이 아니라 성서에 증언된 계시, 곧 하나님의 말씀이다.

성서에 따르면, 천지를 창조하신 하나님께서는 마지막 날에 인간을 창조하심으로써 그의 우주 창조 작업을 완성하셨다.

하나님의 인간 창조에 대해 이렇게 말하고 있다.

> "하나님이 말씀하시기를 '우리가 우리의 형상대로 사람을 만들자 ……' 하시고, 하나님이 자기의 형상대로 사람을 창조하시되 남자와 여자를 창조하시고 그들에게 복을 주었다"(창세 1:26-28).
> "여호와 하나님이 흙으로 사람을 지으시고 생기를 그 코에 불어넣으시니 사람이 생명체가 되었다"(창세 2:7).

"하나님이 창조하신 모든 것을 보시니 매우 좋았더라"(창세 1:31).

하나님은 자신의 미적 이념을 형상화함으로써 새로운 세계를 창조하신 최초의 예술가이시다. 흙이라는 재료를 써서 인간을 형상화하고 거기에 자신의 생명을 주입함으로써 생명을 가진 작품을 만들었다.

예술이란 미적 가치 실현을 위한 창조작업이다. 하나님께서는 그가 창조하신 모든 것을 보시고 매우 좋다, 곧 아름답다고 하셨다.

"아름답다"는 우리말은 예술작품이 지닌 미적 가치가 무엇인가를 잘 표현하고 있다. '아름'이란 '아람'과 함께 '알'(實)의 변음이다. 밤알이 무르익어 자신을 밖으로 드러낼 때 '아람분다'고 한다. '답다'는 여실하다는 뜻이다. 이것을 한자로 표기한다면 여실(如實) 또는 '진여'(眞如)가 된다. 불변의 진리 또는 신적 완전성이 여실히 표현된 것을 아름답다고 한다.

작품은 예술가의 의도를 담은 내용과 그 표현형식의 통합체이다. 따라서 작품은 그 자체로서 존재하는 전경(前景)과 그것이 우리에게 현상하고 있는 이념적 세계, 곧 후경(後景)으로 구성되어 있다. 사람이 참으로 아름다운 것은 눈에 보이는 전경 때문만이 아니라 그가 지닌 후경, 곧 하나님의 형상 때문이다.

예술이란 미적 이념의 형상화를 통해 새로운 세계를 창조하는 작업이다. 이런 뜻에서 천지와 인간을 창조하신 하나님은 최초의, 최대의 예술가이시다. 이것이 "하나님의 형상"의 실상이다. 이러한 하나님의 형상대로 창조된 것이 인간이다. 따라서 인간의 본질은 창조적 예술가라는 데서 찾아야 한다.

하나님께서는 '우리의' 형상대로 사람을 만들자고 하셨다. 여기에는 성자와 성령을 포함한 삼위일체의 개념이 들어 있다. 그리스도는 본래적인 존재로부터 이탈한 인간들을 불러 새로운 존재가 되게 하신 예술가요, 성령은 지금 우리로 하여금 그리스도 안에서 새로운 존재가 되도록 창조하시는 분이시다. 이것이 하나님의 형상이다. 그리고 인간은 이러한 하나님의 형상대로 창조된 존재이다.

그러나 인간은 본래적인 존재로부터 이탈하는 길을 걸어왔다. 이에 하나님께서는 그리스도로 하여금 소외된 인간들을 본래적인 존재로 회복하게 하셨다. 이것이 구원이요, 복음이다. 그러므로 복음을 믿고 그리스도인이 된다는 것은

미켈란젤로, 〈아담 창조〉 16세기

"예술가 하나님의 형상"을 회복한다는 뜻이다. 이런 뜻에서 "예술가가 아닌 사람은 그리스도인이 아니다"(W. 불레이크).

  종교적 핵심이 하나님과의 인격적 관계에 있는 것이라면, 하나님의 피조자인 인간은 그 존재 자체가 종교적이다. 그런데 인간은 '예술가' 하나님의 형상을 지닌 존재이다. 따라서 인간의 본질은 "종교-예술적 존재"라는 데 있다.

  로마의 시스틴 성당의 천정에 그린 아담 창조도에서 미켈란젤로는 인간이 지닌 예술적 창조성을 강조하고 있다. 인간의 모든 제작 활동에서 주역을 담당하고 있는 것은 엄지와 검지이다. 흙으로 인간의 형상을 빚어냈던 하나님의 검지를 아담의 두 번째 손가락에 연결시키고 있다. 즉 창조적 예술혼을 넣어 주고 있는 것이다.

1. 종교적이며 예술적인 존재   19

3) 고대인의 문화적 흔적

인간이 종교-예술적 존재라는 것은 신학적 논리의 결과만은 아니다. 이것은 역사적 존재로서의 인간의 문화 흔적을 통해서도 실증되는 사실이다.

지금까지 우리가 발견한 가장 오래된 문화 흔적은 구석기인들의 것이다. 프랑스 남서부에 있는 라스코 동굴에는 수많은 동물들의 형상을 그린 암벽이 있다. 생동감이 넘치는 그림들이다. 이것은 약 2만 년 전 구석기 시대의 것으로 알려져 있다.

이 그림들은 결코 감상을 위해 그린 작품들이 아니다. 그들은 생존을 위해 위험을 무릅쓰고 동물 사냥을 해야만 했다. 그러므로 그들의 생명의 안전과 성공적인 사냥을 위해 초월적인 신에게 제사를 지냈다. 그 제의과정에서 형성된 것이 동굴의 벽화로 남아 있는 것이다. 고대인들에게는 그림이 단순한 환상이 아니라, 생명을 가진 실상이요, 영혼의 거처로 여겨졌다는 것이 일반적인 이해이다.

구석기인들이 춤과 노래로써 제사지냈다는 흔적은 시실리에 있는 아다우라 동굴의 암각화로도 확인된다. 거기에 춤추는 모습이 그려져 있다.

고대인들에게는 삶과 종교와 예술이 별개의 것이 아니라 하나의 유기체였다. 살기 위해 사냥했고, 사냥의 성공을 위해 신령에게 제사를 지냈다. 그 과정에서 그림이 작성되고 춤과 율동이 형성되었다. 따라서 그들에게는 종교와 예술이 둘이면서 하나였다. 즉 인간이 본래 종교-예술적 존재라는 사실의 실증을 우리는 구석기인들의 문화 흔적에서 보는 것이다.

사실 이것은 현대 우리들의 농악에서도 볼 수 있는 현상이다. 농악은 농민의 노동력을 고양시키기 위한 것인 동시에 신에게 풍년을 비는 종교적 의미를 가진 음악과 춤이기 때문이다.

종교-예술적 존재로서의 인간의 문화 흔적은 구석기 시대뿐만 아니라 고구려인들의 고분벽화에서도 확인된다. 구석기인들의 것이 이 세상에서의 삶을 위한 종교-예술이었다면, 고구려인들이 남긴 고분벽화는 인간의 죽음을 위한 종교-예술이었다.

고분벽화는 물론 감상용이 아니다. 이것은 죽은 사람의 장례과정에서 무덤

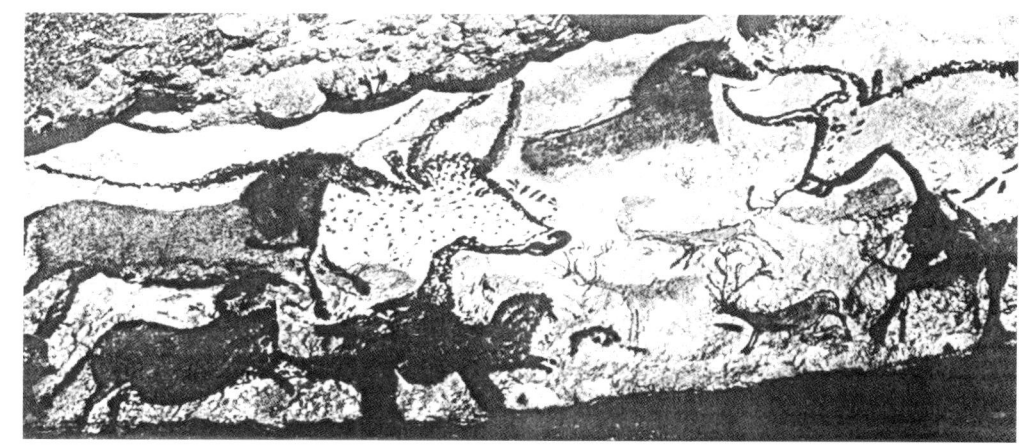

라스코 동굴의 암벽화

농악

1. 종교적이며 예술적인 존재   21

안에 그린 장의(葬儀)미술이다. 거기에는 그들의 죽음에 대한 이해와 함께 명복을 비는 종교적 신앙이 표현되어 있다.

5세기경에 형성된 무용총 벽화의 일부를 읽어본다면,

첫째, 죽은 이가 거처할 후실 앞벽 좌우에는 벽면 크기의 두 그루의 나무 그림이 있다. 이것은 보편적인 우주목에 대한 신앙의 표현이다. 하늘과 땅을 잇는 통로인 동시에 이 세상을 뜻하는 전실과 죽은 자의 세계인 후실을 이어 주는 생명나무이다. 하나님의 아들 환웅은 태백산 '신단수' 아래로 내려와서 신시를 만들었고, 마을의 수호를 비는 서낭당 중심에는 '신목'이 서 있다. 무덤 속에 우주목이 그려진 것은 사후에도 계속될 새로운 세계에 대한 신앙의 표현이다. 사후세계의 생활은 이 세상의 것의 계승이요, 발전이다.

둘째, 무용총 후실 오른쪽 벽에는 말을 타고 사슴이나 호랑이를 잡는 사냥 그림이 있다. 라스코 동굴의 동물화가 문화적으로 발전된 그림이다. 생존을 위한 사냥의 성공을 기원하던 것이 이제는 신에게 바칠 희생의 제물을 잡는 사냥으로 발전했다. 그리고 후실 안에 그려졌다는 것은 사후에도 계속될 종교 생활의 표현이기도 하다.

무용총의 수렵도

무용총의 무용도

 셋째, 같은 후실 왼쪽 벽에는 무용도가 있다. 아다우라 동굴의 가무도가 발전된 것이다. 우리의 조상들은 항상 시월이면 하느님에게 노래와 춤으로써 제사를 지냈다. 그것은 추수에 대한 감사제인 동시에 새해의 풍년을 비는 축제이기도 했다. 고구려 사람들은 또한 노래와 춤으로써 죽은 이를 보냈다고 한다. 이것은 죽은 이의 명복을 비는 종교의례였지만, 한편으로는 보내는 이들의 슬픔을 승화시키는 예술행위이기도 했다.
 인간은 실로 종교-예술적 존재이다.

2. 하나님을 떠난 인간 상황

1) 비인간화된 집단 속에서

아시아 침략에 이어 태평양 전쟁을 도발한 일본이 1943년에는 각 전선에서 패배하기 시작했다. 드디어 그들은 전문대학생들까지 동원하여 입대시키기로 했다. 우선 일본인 학생들을 징집했다. 그리고 보면 조선인 학생들만이 남아서 공부하게 되는 셈이다. 일본이 이것을 좌시할 리가 없다. 그들은 계속해서 "반도 학도의 특별 지원병제"라는 것을 포고했다.

그들이 말하는 지원이란 곧 강제를 뜻했다. 당황한 우리들은 나름대로의 도피를 모색했다. 일본에서 공부하던 나도 일단 귀국해서 황해도와 평양에 있는 친척들을 찾아 피해 다녔다. 하지만 어디를 가나 경찰에게 추적당하고 있었다. 세상이 넓다지만 이 작은 몸 하나 숨길 데가 없다는 것을 한탄해야만 했다.

결국 학도병이라는 이름으로 일본 제국주의 침략전에 동참하는 꼴이 되고 말았다.

1944년 1월 20일, 우리는 초상집같이 된 서울을 뒤에 두고 각기 배속된 부대를 향해 용산역을 떠났다. 약 4,000명이었지만, 한 부대로 가는 인원은 20명 내외였다.

학도병들의 입대가 한국인에게 준 충격은 컸다. 이것은 우리의 역사상 처음 있는 일일 뿐만 아니라, 전세가 기울어 가는 일본의 군인으로 입대한다는 것은 곧 죽음을 뜻하는 것이기 때문이다.

내가 인솔자에게 끌려간 곳은 일본 규슈 구마모도에 있는 서부 제24부대였다. 말과 마차로 그리고 트럭으로 군수물자를 수송하는 치중대였다.

도착 다음 날부터 가차없는 훈련이 시작되었다. 훈련이란 다름아닌 사람 죽이는 연습이다. 사람을 살리고 구하는 길을 공부하던 신학생이 이제는 죽이는 법을 배우고 있는 셈이다.

훈련은 육체적으로 고달팠고, 내무반 생활은 정신적으로 괴로웠다. 일종의 감옥생활이었다. 아니, 그보다도 더 괴로운 것은 출감할 수 있는 만기의 약속이 없다는 점이었다. 전쟁이 끝나든가, 아니면 내가 죽든가 하기 전에는 이 지옥에서 벗어날 길이 없다는 것이 서글펐다.

나는 기회가 있는 대로 동생에게 편지를 썼다. 하지만 모든 편지는 검열을 받았다. 따라서 속사정을 전하기 위해서는 은어를 쓰든가 그림을 그려 보내야만 했다. 때로는 한글로 적은 글을 외출할 기회를 노려 발송했다. 동생은 내 편지들을 모아 간직해 두고 있었다.

편지 가운데엔 이런 글이 있다.

"병식아, 이곳은 이미 산 생활터가 아니다. 자유는 물론 인격도 이유도 아무 것도 없는 곳이다. 사람다운 것이라고는 아무 데서도 찾아볼 수 없다. 그저 백치가 되어 복종하기만을 요구한다. 우리에게 남은 것이라고

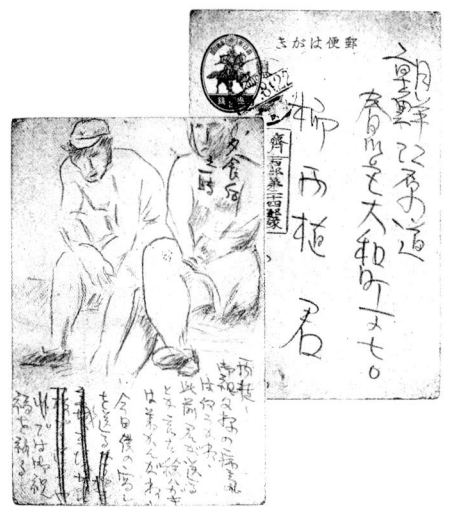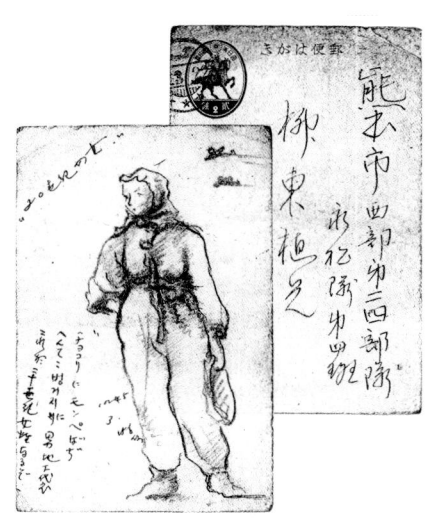

동생과 주고 받은 편지

는 증오와 도피의 본능뿐이다.

그래도 나 자신의 존재를 확인하게 하는 것은 하나님께 대한 신앙뿐이다. 노예의 몸이면서도 자기를 발견하고 정신적으로 자유를 누리던 에픽데투스가 생각난다"(5월 10일).

내가 속해 있는 24부대는 구마모도 성 바로 뒤편에 있었다. 그곳에서 바라보이는 산마루에는 "찻집 고개"가 있다. 문호 나쓰메 소세끼의 《풀베개》(草枕)의 배경으로 유명해진 곳이다. 나는 그곳을 바라볼 때마다 《풀베개》의 주인공이 주장하던 "비인정의 입장"이라는 것이 떠올랐다. "하늘을 본받아 사욕을 버리고, 인정에 얽매이지 않는다(則天去私 非人情)는 주장이다.

화가인 주인공은 삶의 순간들을 한 폭의 그림으로 보아 넘긴다. 나도 나 자신을 하나의 점경으로 객관시하고 관조할 수 있는 비인정의 눈을 얻으려고 애썼다. 하지만 좀처럼 나와 이 세상을 관조할 수 있는 마음의 여유를 얻을 수가 없었다. 수없이 보았을 구마모도 성마저도 내 기억 속에 존재하지 않는다. 보아도 보이지 않았던 것이다.

소금, 〈구마모도 성〉

얼마 전에 구마모도를 방문한 일이 있다. 놀랍게도 나는 그곳에서 성곽을 새롭게 발견해야만 했다.

"마음이 살아 있으면 삼라만상이 다 살아 있지만, 마음이 죽어 있으면 해골과 다를 바 없구나"(心生則種種法生 心滅則 髑髏不二, 원효).

입대한 지 일년이 지나도록 나는 병영 속에 있었다. 남양으로 파송될 예정이었지만, 제공권을 빼앗긴 일본이 배를 띄울 수가 없었기 때문이었다.

1945년 5월이 되자 부대가 개편되면서 나는 규슈 남단의 한 해변가로 파송되었다. 오끼나와가 미군에게 점령당한 시점에서 일본 본토가 전선으로 변한 것이었다. 우리가 주둔한 곳은 이사꾸(伊作)라는 마을이었다. 우리는 각기 '다꼬쓰보'라는 구멍을 팠다. 미군 탱크가 상륙하면 지뢰를 안고 있다가 뛰어들기 위한 구멍이다. 어처구니 없는 전쟁을 계속하고 있었다.

매일같이 미 해군의 전투기가 날아와서 폭탄과 총알을 퍼부었다. 공포의 도가니 속에서 우리는 죽음의 연습을 되풀이하고 있었다.

나는 동생에게 이렇게 썼다.

"어떤 의미에서는 죽음을 찬미해야 할런지도 모른다. 시간에서 영원의 세계로 가기 위해서는 죽음의 심연을 넘어야 하는 것이기 때문이다. 하지만 죽음을 가까이 느낄수록 어두운 심정이 가시질 않는구나. 그것도 사탄들의 전쟁 틈바구니에서 무의미하게 죽는다고 생각하면 더욱 그러하다"(6월 7일).

2) 아담의 배신과 카인의 문명

흙으로 만든 아담이 산 존재가 될 수 있었던 것은 하나님의 생명을 받고 있었기 때문이다. 따라서 하나님과의 관계가 끊어진다면 그는 흙으로 돌아가야만 한다. 그러므로 그 관계유지를 위해 하나님께서는 그에게 "선악과를 따 먹지 말라"는 계명을 주셨다. 이것을 기억하고 지키는 한, 아담은 하나님과의 관계,

미켈란젤로,
〈배신〉 16세기

곧 생명의 관계를 유지하게 될 것이다. 그러나 아담은 이 계명을 어기었다. 하나님의 분부를 불신한 것이다.

사탄의 유혹에 먼저 넘어간 것은 하와였다. 선악과는 먹음직스럽고, 보기에 좋았고, 하나님처럼 현명하게 해 줄 것만 같았다. 그리하여 선악과를 따먹고 또 아담에게도 먹게 했다. 그들은 하나님을 배신하고 사탄에게 굴복한 것이다. 이것이 죄의 근원이다.

그들을 유혹한 것은 본능적인 욕구의 충족과 겉만 보는 허영심, 그리고 무엇보다도 자신이 하나님처럼 되겠다는 교만이었다. 인간은 하나님의 분부보다는 자신의 욕망을 앞세웠던 것이다.

"욕심이 잉태하면 죄를 낳고 죄가 자라면 죽음을 낳는다"(야고 1:15).

그들의 반역죄에 대한 하나님의 심판은 준엄했다.

첫째는 사탄과 여자의 자손 사이에 원수가 되어 서로 상하게 하리라는 것이다. 인류와 사탄 사이의 끝없는 투쟁이다. 하지만 여자의 자손이 사탄의 머리를 상하게 함으로써 결정적인 타격을 입히리라 했다. 여기에는 앞날에 전개될 그리스도의 복음의 한 원형이 들어 있다.

둘째, 아담은 죽는 날까지 수고하여야만 땅에서 나는 것을 먹을 수 있으리라 했다. 그것은 땅이 가시덤불과 엉겅퀴로 식량 생산을 저주하기 때문이다. 하나님은 인간으로 하여금 자연을 돌보도록 하셨지만, 이제는 자연과 인간 사이의 끝없는 투쟁이 전개되게 되었다.

셋째로, 하나님은 인간에게 결정적인 형벌, 곧 죽음을 선언하셨다.

"너는 흙에서 나왔으니 흙으로 돌아갈 것이다.
그때까지 너는 얼굴에 땀을 흘려야 낟알을 먹을 수 있을 것이다.
너는 흙이니 흙으로 돌아가라"(창세 3:19).

생명의 근원이신 하나님을 떠난 인간의 당연한 운명이다.

아담의 맏아들 카인은 땅을 경작했고(cultivate), 동생 아벨은 양을 길렀다. 이로써 카인이 문화(culture) 개척의 시조가 된 셈이다. 그런데 카인은 아우에 대한 시기 때문에 아벨을 살해했다. 하나님을 떠난 문명의 성격을 규정한 사건이었다. 아담의 원죄는 카인의 문명을 통해 살인이라는 큰 죄를 창출하기에 이르렀다.

살인은 인격, 곧 하나님의 형상을 말살하는 것이요, 하나님의 창조에 대한 도전이다. 하나님께 대한 사탄의 가장 큰 도전은 사람들로 하여금 전쟁을 하게 하는 일이다. 민족들을 미혹시켜 전쟁을 일으킨다. 전쟁은 민족이라는 이름 또는 종교나 이데올로기라는 이름 아래 대량살생을 정당화할 뿐만 아니라 이를 찬양하게 한다.

카인의 후손인 라멕은 그의 아들이 만든 칼을 손에 들고 자랑스럽게 이렇게 노래했다.

"라멕의 아내들은 들으라.

해리 스턴버그,
〈세 머리의 파시즘〉,
1942

나에게 상처를 입힌 남자들을 내가 죽였다.
카인을 해친 벌이 일곱 갑절이면
라멕을 해친 벌은 일흔일곱 갑절이다"(창세 4:23f.).

하나님을 배신하고 떠난 인류의 역사는 살인과 전쟁을 찬양하기에 이르렀다.

인류의 역사상 최대의 참극을 창출한 제2차 세계대전을 주도한 것은 세 마리의 사탄, 곧 레비아단들이다. 히틀러와 무솔리니, 그리고 일본의 히로히토가 그들이다.

일찍이 요한은 환상을 보는 가운데 이러한 예언을 했다.

"천 년이 끝나면, 사탄은 옥에서 풀려 나와서 땅에 널려 있는 민족들 곧 곡과 마곡을 현혹하여 그들을 불러모아 전쟁을 일으킬 것이다. … 그러나 그때에 하늘로부터 불이 내려와서 그들을 삼켜 버렸다"(계시 20:7-9).

3) 종교적 예술과 〈게르니카〉

창조주 하나님의 형상대로 지음 받은 인간의 본래 모습은 종교-예술적 존재였다. 인간에게 있어 종교와 예술은 둘이면서 하나이다(二而一). 그것은 마치 음과 양이 하나의 태극을 만든 것과도 같고, 인간 예수와 하나님의 아들 그리스도가 하나인 것과도 같다.

그러나 기독교가 세상에 군림하던 중세 서구에서는 종교가 예술을 지배하게 되었다. 둘이면서 하나가 아니라 종교로 일원화된 주종관계였다. 그리하여 예술은 종교를 위해 존재하는 종교예술의 세계가 형성되었다. 이것은 불교미술에 있어서도 그러했다.

르네상스 이후 종교 예술에는 일대 변화가 일어났다. 곧 종교와 예술이 점차 둘로 분리되어 간 것이다. 르네상스가 인간을 발견하고 종교적 지배로부터 해방한 것은 옳았다. 그러나 종교 없는 예술과 예술 없는 종교현상을 초래함으로써 인간의 본래적인 존재양상을 상실하게 하는 결과를 낳았다.

예술 없는 종교는 도덕을 위한 종교로 변하던가, 영적 구원을 파는 상업종교로 변해 갔다. 종교의 타락을 몰고 온 것이다.

한편 종교 없는 예술은 자신을 우상화한 예술지상주의로 흐르던가, 아니면 기술(art, technique)의 균형 없는 발전으로 인해 오늘의 문화적 위기를 초래했다.

중세로부터 시작된 왜곡된 인간상은 또다시 종교와 예술의 분리로 인해 본래적인 인간성의 상실이라는 위기에 직면하게 되었다. 이 사실을 먼저 깨달은 것은 예술가들이다. 그들은 예술에 종교적인 차원을 도입하려고 했다. 종교와 예술의 재통합을 시도한 것이다. 그러나 이것은 중세적인 종교예술의 재현을 뜻하는 것이 아니다. 그들은 존재의 본질에 대한 질문과 그 응답을 형상화하고 표현하는 "종교적 예술"을 전개해 나갔다. 그 전형적인 인물 중 한 사람으로 파블로 피카소(1881-1973)를 들 수 있다.

예술은 단순히 자연의 모사나 모방을 목적으로 하는 것이 아니다. 그것은 사진기술로써도 족하다. 예술은 현실의 모방이 아니라 인간적인 법칙에 의한 창조활동이다. "보이는 것만을 그린다"(쿠루베)는 사실주의나 인상주의는 사물 자체의 구조적인 본질을 상실하게 한다. 예술의 임무는 현실이나 자연의 재생이 아니라, 우리들의 기억과 상상력과 이성을 동원하여 사물의 본질적인 의미의 표현을 통해 새로운 세계를 창조하는 데 있다. 피카소는 종교적 통찰을 통해 존재의 구조적인 것, 본질적인 것을 그리려고 했다.

<게르니카>는 1937년 히틀러가 이끄는 나치 독일 공군이 스페인의 프랑코

정권의 용인 하에 바스크 지방의 소도시 게르니카를 무차별 폭격함으로써 1,500여 명의 사상자를 낸 비인간적 사건에 대한 피카소의 분노를 표현한 그림이다. 그러나 이것은 단순한 역사적 사건에 대한 묘사가 아니라 본래적인 존재로부터 이탈한 오늘의 문명과 인간의 참상을 폭로한 종교적 그림이다.

"나는 전쟁을 그린 것이 아니다. 그러나 당시의 내 그림 속에는 전쟁이 존재하고 있다"는 것이 작가의 말이다.

어두움이 공간을 채운 흑백만으로 그린 그림이라는 것 자체가 이미 인간의 실존상황을 말해 주고 있다. 그리고 모든 형상은 형태적 변형(deformation)을 통해 표현되어 있다. 사물의 외형적인 이해를 버리고 본질적인 심층 구조의 이해를 도모하는 것이며, 동시에 현대의 부조리와 불안상황을 표현하는 형식이기도 하다.

왼쪽에 있는 황소는 광폭하고 음탕한 미노타우로스이다. 잔인한 그는 마치 아무 일도 없다는 듯이 태연하게 서 있다. 20세기에 등장한 파시즘과 군부 독재정권들의 상징이다.

황소 턱 밑에서 죽은 어린이를 안고 울부짖는 여인은 바로 그 황소에게 능욕당한 민중들이다. 그 밑에는 부러진 칼을 움켜쥔 채 쓰러져 있는 죽은 청년이 있다. 인간의 미래가 죽어 있는 것이다. 그러나 칼을 쥔 청년의 손 위에는 한 송이의 가냘픈 풀꽃이 피어 있다. 황소의 횡포도, 청년의 죽음도 영원할 수는 없는 것이다. 거기에는 승리의 의지와 함께 인류의 희망에 대한 복음적 원형이 표현되어 있다.

중앙에는 청년을 짓밟고 신음하는 군마가 있다. 죽음을 앞두고 몸부림치는 파시스트들의 단말마적인 신음이다.

오른쪽 납골당 속에는 울부짖는 어린이와 여인들이 있다. 그러나 그 한 가운데에 있는 여인은 등불을 움켜쥔 굵은 팔뚝을 밖으로 쑥 내밀고 있다. 납골당을 뚫고 나온 구원의 등불이다. 죽어가는 모든 사람들이 하늘을 향해 울부짖는 그 현장에 하늘의 등불이 비치고 있는 것이다.

이것은 역사적 현실을 소재로 한 인간의 실존상황과 희망을 그린 오늘의 종교적 예술이다.

파블로 피카소, 〈게르니카〉, 1937

3. 해방의 복음

1) 8·15 해방과 구원

이사꾸에 있는 동안 나는 중대본부에서 일했다. 내 주된 임무는 부대본부로부터 소식을 받아 전해 주는 전령의 일이었다. 그런데 8월 초 어느 날 이상한 훈령을 받았다. 내용인즉 만약 하늘에서 낙하산이 달린 폭탄이 떨어질 경우에는 모든 작업을 즉각 중단하고 가장 깊은 곳으로 대피하라는 것이다. 우리는 영문을 몰랐다. 그러나 그것이 바로 히로시마에 원자탄이 떨어진 다음 날의 훈령이었던 것을 그 후에 알았다.

8월 14일에는 더욱 놀라운 훈령을 받았다. 곧 내일 천황이 라디오를 통해 특별담화를 발표할 것이니 모든 장병들은 각기 그 처소에 집합하여 경청하도록 하라는 것이다.

우리는 여러 가지로 억측을 해 보았다. 그러나 아무도 그것이 일본의 항복을 발표하는 것으로는 생각하지 않았다. 그들은 입버릇처럼 최후의 한 사람까지 싸울 것이라고 다짐해 왔기 때문이다. 그런데 8월 15일 정오를 기해 일본 천황은 무조건 항복을 선언했던 것이다.

이 발표를 듣던 일본인들은 모두 침통한 표정을 지었다. 그러나 나는 이 발표를 듣는 순간 온몸에 경련 같은 것을 느꼈다. 죽음으로부터의 해방이 선언된 것이다. "하나님, 감사합니다" 하고 큰소리로 외치고 싶은 충동을 느꼈다. 하지만 일본인 틈에 있는 나로서는 감정을 애써 감추어야만 했다.

근 한 달이 지났을 무렵, 공문에 따라 규슈 일대에 있던 조선인 군인 100여 명이 고메노쓰(米津)란 곳에 모이게 되었다. 그리고 귀국 선박이 배정될 때까지 자치생활을 하며 기다리게 했다. 그러나 그것이 언제 우리 차례가 될지는 막연했다. 해방이 되자 귀국을 서두르는 한국인 수십만 명이 모두 항구로 몰려왔기 때문이다.

수소문 끝에 개인 소유의 어선을 빌려 타기로 하고, 9월 말에 우리 일행은 항구도시 하까다로 이동했다. 그리고 어선 한 척을 세 내어 시월 초하루 날 오후 늦게 부산을 향해 떠났다.

엔진 소리가 배 전체를 흔들어대는 작은 목선이었다. 늦어도 다음 날 아침에는 부산항에 도착하리라는 계산이었다.

그 날의 현해탄은 유달리 풍랑이 심했다. 날이 훤히 밝아왔다. 우리는 부산에 도착하기만을 기다렸다. 그런데 털털대던 엔진이 갑자기 꺼졌다. 엔진에 물이 들어갔다는 것이다. 엔진을 다시 걸어 보지만 한두 번 털털대고는 다시 꺼지기만 했다. 배는 물결치는 대로 춤을 추었다. 산더미 같은 파도를 넘을 때마다 검은 수평선이 보일 뿐 아무 데도 육지는 보이지 않았다.

파선과 죽음이라는 불길한 생각이 우리를 위협하고 있었다. 순간적으로 내 머리를 스쳐간 것은 제리코의 <메두사의 뗏목>이었다. 우리는 공포와 함께 분노 같은 것을 느꼈다. 기적같이 주어진 해방의 은사가 또다시 수포로 돌아가는 것일까?

소금, 하까다 부두의 어선

3. 해방의 복음

제리코, 〈메두사의 뗏목〉, 1819

시간은 어느덧 한나절이 지나갔다. 그 때 누군가 섬이 보인다고 소리쳤다. 일제히 일어서서 환호성을 울렸다. 더욱 놀란 것은 검은 큰 배 한 척이 우리 쪽을 향해 오고 있는 것을 발견한 일이다. 기적 같은 이야기다.

우리를 이끌고 돌아간 곳은 대마도의 한 항구였다. 이 섬을 비껴 지나갔더라면 망망한 태평양에서 표류할 뻔한 것을 생각하면 등골이 오싹해진다.

수리된 배를 다시 타고 부산에 도착한 것은 10월 5일의 일이다. 1년 9개월 만에 조국의 땅을 다시 밟게 된 것이다. 그러나 그 2년여 가까운 세월이 우리에게는 10년이나 되는 듯이 느껴졌다.

우리는 모두 안도의 한숨을 내쉬었다. 이제 정말로 해방된 듯했다. 지난 며칠 사이에 우리는 다시 한 번 죽음과 구원을 체험한 것이다.

이제 내가 사는 것은 당연한 내 몫을 사는 것이 아니라 덤으로 사는 것이다. 내가 살게 된 것은 오로지 하나님의 은혜라는 것을 새삼 깨닫게 되면서 나는 충심으로 감사의 기도를 올렸다.

8·15 해방은 우리들의 "출애굽" 사건이었다. 우리는 8·15를 기해 민족적 구원을 체험했고, 또한 개인의 구원을 체험한 것이었다.

할머니와 부친, 그리고 두 동생이 있는 춘천으로 갔다. 가족과의 상봉은 내가 살아 있다는 사실을 재확인시켜 주는 듯했다.

시내는 가는 곳마다 정치바람이 요란하게 불고 있었다. 어느새 어디서 배웠는지 좌익이니 우익이니 하는 이데올로기의 갈등이 우리를 어지럽게 했다.

나는 정치에 전혀 관심이 없었다. 그저 그리던 식구들과 마음놓고 이야기하고, 쉬고 싶을 때 쉴 수 있다는 것이 너무나도 행복하기만 했다.

동생과 함께 익숙한 교회당이나 뒷동산을 돌아볼 때마다 새롭게 보였고, 삶의 기쁨을 재확인하게 했다.

나는 무슨 일이라도 불평 없이 해낼 수 있을 것 같았다. 나에게 자유만 주어진다면 평생 거름통을 지고 다닌다 해도 여한이 없겠다고 썼던 편지 생각이 되살아났다. 그러나 현재로서는 아무 일도 할 생각이 없었다.

며칠이 지났을 무렵 춘천여학교 교장으로 있던 큰 숙부가 학교 일을 돕는 것이 어떠냐고 했다. 그만치 인재가 없던 시대였다. 특별히 계획한 일이 있는 것도 아니고 해서 11월부터 학교에 나가기로 했다.

무엇을 가르쳤는지 기억나는 것이 없다. 다만 활기찬 새로운 삶을 발견하게 하는 또 하나의 계기였다는 것과, 매일같이 낭만적인 분위기 속에서 지냈다는 생각만이 난다.

그해 성탄절에는 함박눈이 수북하게 내렸다. 교회에서 지내며 치렀던 크리스마스 행사들은 우리들의 해방과 삶의 기쁨을 마음껏 찬양하는 낭만의 극치이기도 했다.

2) 해방의 복음

하나님은 이집트의 노예였던 보잘것없는 유대민족을 선택하시고, 그들의 구원의 역사를 통해 인류를 구원하시는 당신의 역사를 우리들에게 열어 보이셨다.

모세를 통해 유대민족을 구출하신 하나님은 그들과 계약을 맺었다. 하나님의 계명을 지키면 축복을 받을 것이고, 지키지 않으면 형벌을 받으리라는 계약이었다. 그런데 이스라엘 민족은 이 계약을 지키지 아니하였다.

"이스라엘 민족이 내 언약을 깨뜨리고 내가 가르쳐 준 율법을 어겼으므로 적군이 독수리처럼 나 주의 집을 덮칠 것이다"(호세 8:1).

그리하여 북쪽 이스라엘 왕국은 앗시리아에 의해 망했고(B.C. 721), 남쪽 유대왕국은 바빌론에 의해 멸망했다(B.C. 586). 그리고 장정들이 포로로 잡혀 가게 되었다.

당시의 예언자 예레미야는 자기 민족의 불신앙에 실망했다. 그러나 사랑의 하나님은 그를 통해 새로운 계약을 선포하셨다.

"유다 가문과 새 언약을 세우겠다.… 내가 그들의 남편이 되었어도 그들은 나의 언약을 깨뜨려 버렸다. 그러나 … 내가 그들의 허물을 용서하고 그들의 죄를 다시는 기억하지 않겠다. 나 주의 말이다"(예레 31:31-34).

그리하여 하나님은 바빌론의 포로가 된 이스라엘 사람들을 해방하여 예루살렘으로 돌아가게 하셨다. 그런데 이 해방의 임무를 지니게 된 것은 유대인이 아닌 페르시아 왕 고레스였다. "네가 비록 나를 알지 못하나 나는 너에게 필요한 능력을 주겠다"(사 45:5). 고레스가 바빌론을 쳐서 승리하게 하심으로써 포로가 되었던 그들이 해방되어 고국으로 돌아가게 되었다.

하나님의 역사 경륜의 틀은 오늘날에도 반복되고 있다. 일본의 식민지가 되어 포로생활을 하던 우리들에게 연합군은 하나님이 택하신 고레스 왕이었다.

이스라엘 민족에게 선민으로서의 특권이 있었다면, 그것은 하나님의 의를 위해 인류의 고난을 대신 진다는 것이다.

"그는 실로 우리가 받아야 할 고통을 대신 받고 우리가 겪어야 할 슬픔을 대신 겪었다. … 그가 징계를 받음으로써 우리가 평화를 누리고 그가 매를 맞음으로써 우리의 병이 나았다"(이사 53:4-5).

인류 구원을 위한 하나님의 사랑은 여기에서 끝나지 않았다. 종국에는 하나님 자신이 인류의 죄악과 사망을 대신 지시고 인간을 해방하시기 위해 그의

이쾌대, 〈해방을 알리는 처녀들〉, 1944~1948

외아들을 보내신 것이다.

  요한복음에 의하면 천지와 인간을 창조하신 하나님의 말씀이 인간이 되어 이 세상에 오신 이가 예수 그리스도이시다. 그 안에는 하나님의 사랑과 구원의 진리가 들어 있다. 이 사실을 믿고 받아들이는 사람들에게는 하나님의 자녀가 되는 특권이 주어진다. 곧 구원에 이르게 되는 것이다(요 1:1-18).

  여기에서 우리는 놀라운 사실들을 발견하게 된다.

  첫째, 하나님의 구원은 모세나 고레스를 통해서가 아니라 하나님 자신이 직접 담당하셨다는 사실이다.

  둘째, 구원의 대상은 이스라엘 민족 집단이 아니라 개체적인 인격이며, 이는 곧 인류를 뜻한다.

  셋째, 지금까지의 하나님과 인간과의 관계는 부부관계와도 같이 파기할 수도 있는 계약관계였다. 그러나 그리스도로 말미암아 형성된 새로운 관계는 피와 생명을 나누어 가진 불가분의 아버지와 자녀 관계인 것이다. "그 날에는 내가 내 아버지 안에 있고, 너희가 내 안에 있고, 또 내가 너희 안에 있음을 알게 될 것이다"(요한 14:20).

하나님의 자녀는 죄와 죽음으로부터 해방된 자유인이다. 그것은 "그리스도 예수 안에서 생명을 누리게 하는 성령의 법이 각자를 죄와 죽음의 법에서 해방하여 주었기 때문이다"(로마 8:2).

우리를 자유케 하신 성령은 우리에게 사랑의 기쁨과 평화의 행복을 지니게 하신다(갈라 5:22f.). 곧 하나님의 자녀된 삶의 기쁨을 누리게 하시는 것이다.

이 삶의 기쁨을 상징한 것이 갈릴리 가나에서의 혼인잔치이다. 예수께서는 친히 여기에 참석하셨다. 그리고 물로 포도주를 만드는 기적을 행하셨다. 포도주는 생명과 기쁨을 상징하는 것이다.

3) 〈삶의 기쁨〉

피카소의 예술은 20세기의 자화상이라고도 한다. 두 차례에 걸친 세계대전은 하나님을 떠난 인간들의 실상을 폭로한 사건들이었다. 〈게르니카〉를 통해 인간의 실존상황을 열어 보인 피카소는 다시 2차 세계대전이 끝나자 〈삶의 기

베로네세, 〈가나의 혼인 잔치〉 부분, 562~1563

피카소, 〈삶의 기쁨〉, 1946

쁨〉을 통해 인간의 본래적 존재를 열어 보였다.

　〈게르니카〉의 배경이 되었던 파시즘의 패망과 함께 제2차 세계대전이 끝났다. 독재정권과 제국주의의 공포로부터 세계가 해방되었다. 그리하여 인권과 삶의 기쁨을 되찾는 역사가 전개된 것이다.

　한국을 포함한 세계의 각 식민지들이 독립을 서두르고 있던 1946년 피카소는 새로운 연인 프랑소아즈 지로와의 사랑에 빠져 있었다. 그리고 그들은 남부의 아름다운 지중해 연안에 머물고 있었다. 해방된 새 역사와 사랑의 기쁨, 그리고 자연의 아름다움이 존재의 즐거움을 노래하고 있을 그 때, 그는 〈삶의 기쁨〉을 제작했다.

　〈게르니카〉가 죽음의 언덕 골고다의 십자가를 상징한다면, 〈삶의 기쁨〉은 부활의 아침을 노래하고 있다. 구원과 해방의 새로운 세계의 전개이다.

　〈게르니카〉가 검정과 회색 일변도의 그림이었던 것과는 대조적으로 〈삶의 기쁨〉은 밝은 하늘을 배경으로 한 삼원색의 그림이다. 하늘과 바다와 육지가 있고, 파랑과 노랑과 빨간 색이 조화를 이루고 있다.

　〈게르니카〉는 형태 변형의 기법을 통해 존재와 사물의 실상을 표현하려고 했다. 그러나 〈삶의 기쁨〉은 아라베스크 문양 형식으로써 신화들을 그리고 있

3. 해방의 복음　41

다. 신화는 신적인 원초적 사실들을 이 세상적인 것으로 형상화한 것이다. 부활에 의한 새로운 존재와 세계의 표현을 위해 적절한 매체가 있다면, 그것은 신화적인 것들이어야 한다.

<게르니카>와 <삶의 기쁨>은 그 내용에 있어서도 대조적이다. 황소 미노타우로스는 피리 부는 목신 켄타우로스로 변했고, 청년을 짓밟고 죽음을 외치던 군마의 자리에는 디오니소스(박카스)의 춤추는 무녀가 서 있다. 술의 신인 디오니소스는 재생과 부활의 신이기도 하다.

신음하던 여인들과 어린이들의 자리에는 지신의 피리소리에 맞추어 춤추는 염소들이 배치되어 있다. 이제는 등불이 아니라 태양이 빛나는 하늘과 바다와 육지가 있는 것이다. 이것이야말로 삶의 기쁨을 구가하게 하는 창조적 구원과 부활의 아침을 노래한 작품이다.

II. 혼돈과 나그네의 사랑

해방 공간의 혼돈이 채 가시기도 전에
우리의 조국(여인상)은
또다시 6·25전쟁을 맞이해야만 했다.
민족 전체가 피난길에 오른 나그네 신세가 되었다.
하지만 사랑이 있는 한 멸망하지 않는다.
무엇보다도 하나님의 사랑(피에타)이
우리를 감싸주고 있는 한
우리에게는 승리가 약속되어 있는 것이다.

소금, 〈혼돈과 사랑〉, 1985

혼돈과 나그네의 사랑
- 나그네 신학 10년

우리는 태어나 자란 곳을 고향이라고 한다.

고향은 마음이 돌아갈 곳이다. 그렇기 때문에 종종 꿈의 배경이 되는 것이 고향이다. 그런데 내게는 이런 고향 의식이 희미하다. 나는 태어난 황해도 남천에서 8년 만에 떠났을 뿐만 아니라 줄곧 떠돌이 생활을 한 셈이다. 1년 이상 살았던 곳만도 8곳이나 된다. 꿈의 배경이 될 만한 곳이 별로 없다.

그런데 이상하게도 내게는 고향에 대한 그리움이 항상 따르고 있다. 그것은 어머니에 대한 그리움과도 같은 것이었다. 그리움은 사랑의 감정이다. 해방 후 윤정은을 만나 내 그리움의 일부를 채워 주기도 했다. 그러나 고향은 여전히 멀리에서 손짓하고 있었다.

돌아갈 고향이 있는 인생은 떠돌이가 아니라 나그네이다. 6·25 동란 중에 결혼한 우리는 피난 생활을 했지만 떠돌이가 아니라 나그네들이었다.

인생이 어디서 와서 어디로 가는지를 알게 하는 것이 종교이다. 종교적 신앙만이 실은 참된 나그네 의식을 갖게 한다. 하나님께 대한 믿음을 가졌던 아브라함의 후손들은 "이 지상에서는 타향 사람이며 나그네라는 것을 알았다 … 그들은 더 나은 곳 곧 하늘에 있는 고향을 갈망하고 있었다"(히브 11:13-16).

신앙적 실존인 하늘 나그네의 삶을 신학적으로 추구하는 것을 나그네 신학이라고 한다면, 나의 초기 10년은 나그네 신학 속에서 살았다.

1. 혼돈과 빛

1) 해방공간

일본 제국의 식민지로서의 질서가 무너졌다. 그리고 아직은 독립된 새 질서가 형성되지 않은 시대였다. 미국의 군정에 의해 겨우 사회질서가 유지되던 해방공간을 맞이했다. 불안한 혼돈의 세계, 그러면서도 새 시대를 바라보게 하는 활기찬 시대이기도 했다.

겨울 방학이 되자, 나는 서울에서 개최된 고등학교 교사 강습회에 참석하기 위해 서울로 올라왔다. 교사 자격증을 주기 위해 군정청이 마련한 강습회였다.

서울에 온 김에 수소문해서 신학교 선배인 김철손을 만났다. 그는 이미 서울대학 종교과에서 공부하고 있었다. 나는 내 자신이 시골에서 신선놀음에 도끼자루가 썩는지도 모르고 있는 게 아닌가 하는 생각이 들었다.

결국 9월부터 개강하는 감리교신학교 2학년에 편입학했다. 당시 신학교 교장은 변홍규 박사였고, 교수로는 홍현설, 윤성범, 최영룡 목사 등이 있었다. 얼마 후에 미국에서 돌아온 신사훈 박사가 교수진에 가담했다.

당시만 해도 자기 저서를 낸 사람은 없었다. 참고문헌도 구할 수 없는 상황에서의 수업은 전적으로 그들의 제한된 강의에 의존하는 수밖에 없었다. 그대신 학생들은 성서에 매달리거나 외부에서 개최되는 강연회에 참석할 수 있는 시간을 많이 가졌다. 종로의 YMCA 회관은 명사들의 강연을 듣는 전형적인 광장이었다. 유영모 선생이나 함석헌 선생을 자주 만나게 된 곳도 바로 그 회관 강당이었다. 그들에게서 우리는 동양적 아니면 한국적 예지 같은 것을 엿보며 가슴을 설레이기도 했다.

소금,
〈해방 당시의
감리교신학교 기숙사〉

감리교신학교에 있는 동안 나는 냉천동 산기슭에 자리잡은 기숙사에서 2년 간이나 지냈다. 룸메이트는 송도고보를 나오고 교편생활을 하다가 온 이재각이었다.

신학교 생활이 시작되었지만 일본에서 공부할 때처럼 신학생으로서의 긍지나 흥분 같은 것은 느낄 수가 없었다. 정리되지 않은 신학교에서 준비되지 않은 강의를 들어야 하는 시대적 상황에 대해 적지않은 불만을 느끼며 지냈다.

한편 해방과 함께 계속되는 사회적 혼돈은 오히려 젊은이들에게 많은 가능성을 제공해 주는 것 같기도 했다. 어느 분야도 정돈되어 있는 것이 아니기 때문에 누구나 마음만 먹으면 무엇이고 할 수 있는 듯이 느껴졌다. 따라서 나는 다른 분야에 대해 자주 곁눈질을 했다. 문학이나 미술 분야로 옮겨 보는 것이 어떨까 하는 생각도 해 보았다. 지금까지 없었던 잡념들이었다.

그러던 어느 날, 나는 기숙사 우리 방 벽에 베드로의 고백을 큼직하니 써놓았다.

κύριε, πρὸς τίνα ἀπελευσόμεθα;
ῥήματα ζωῆς αἰωνίου ἔχεις.

"주여 영생의 말씀이 당신에게 있사오니 우리가 뉘게로 가오리까?" 이것은 세욕에 흔들리는 내 마음을 가라앉히기 위해서였다. 나에게 길은 하나밖에 없다고 다짐했다.

또 하나 기억나는 것은 동양 사상에 대한 열정이다. 추운 기숙사 방에 머물면서 겨울방학 내내 탄허(呑虛) 스님의 《장자》강의에 참석했다. 초탈한 참 사람의 경지를 말해 주는 노장사상은 성서만치나 새로운 세계를 열어주는 듯했다.

교계는 정치 사회에 못지않게 혼미를 거듭하고 있었다. 장로교는 신사참배 문제로 갈라졌고, 감리교는 친일혁신교단 문제로 분열되었다. 심지어는 교회쟁탈의 추태를 벌이기도 했다. 이러한 기성교회에 염증을 느끼던 기독학생들 몇몇이 서대문의 한 하숙방에 모여 따로 예배를 드리기 시작했다. 김철손, 김선재, 이한빈, 김인선 등 댓 명이었고, 때로는 윤성범 교수가 참석하기도 했다. 그러던 어느 날, 우리는 학생교회를 조직하기로 의견을 모았다. 새로운 형태의 교회운동이다. 그리고 목회자로는 신사훈 박사를 모셨다.

우리는 이화여고 교실을 빌려서 예배 집회를 열었다. 신 박사의 참신한 설교 등이 작용하여 많은 학생들이 모였다. 대학생들만이 모인 활기찬 집회가 전

소금, 〈계룡산 산기슭〉

1. 혼돈과 빛 49

개되었다. 학생들의 폭넓은 사귐의 장소가 되기도 했다. 평생 내 반려가 된 윤정은을 만난 것도 여기서이다. 그는 당시 이화여대 영문과 2년생이었다.

1948년 5월에 우리 민족은 역사상 처음으로 국회의원을 뽑는 총선거를 실시했다. 그리고 같은 달에 나는 신학교를 졸업했다.

그 무렵 감리교회는 재건파와 복흥파의 분열 대립으로 추태를 거듭하고 있었다. 이재각과 나는 교회에 들어가서 일하고 싶은 생각이 들지를 않았다. 그리하여 당분간 학교에서 교편을 잡기로 했다.

일꾼이 귀하던 때라 우리는 어렵지 않게 직장을 구했다. 이새각은 공주고등학교에서 영어 교사로 일하게 되었고, 나는 공주여자사범학교에서 가르치게 되었다.

당시의 공주는 꿈을 안겨 주는 아름다운 소도시였다. 백제문화의 유적지라는 것이 우선 흥미를 끌었다. 앞에는 유유히 흐르는 금강이 있고, 뒷산너머에는 계룡산이 있어 명실공히 명산대천 사이에 있는 명당이란 인상을 주었다. 혼탁한 서울에서 지내던 우리에게 맑은 가을을 느끼게 해주는 곳이었다.

2) 깨어진 환상

하나님께서는 페르시아의 왕 고레스로 하여금 바벨론을 정복하게 하심으로써, 그곳에 포로로 있던 이스라엘 사람들을 해방하시고, 그들을 예루살렘으로 돌아가게 하셨다. 그러나 페르시아로서는 단순히 그들을 해방하고 구출할 목적으로 전쟁한 것은 아니었다. 그들로서는 앞으로 있을 이집트 침공을 위한 전진기지를 만든다는 야망 때문에 이스라엘 사람들을 고국으로 돌아가게 했던 것이다.

연합군의 승리로 인해 우리가 일본의 식민지로부터 해방된 것은 사실이다. 그러나 그들이 우리를 위해 전쟁한 것은 아니다. 그들에게는 그들 나름의 욕심이 있었다. 미국과 소련은 한반도에 자기 세력을 부식함으로써 아시아에 대한 패권의 기지를 만들려고 했다. 그리하여 소련은 한반도의 북반부를 점령했고, 미국은 남반부를 점령했다. 말인 즉 일본군의 무장해제를 위한 임시조치라 했지만, 실질적으로는 자국의 교두보를 만들기 위한 것이었다.

이러한 상황에서 한반도 문제를 매듭짓기 위해 모스크바 삼상회의가 열렸다. 미국, 영국, 소련, 3개국의 수상이 모인 회의에서 결정한 것은 한반도의 신탁통치안이다. 곧 한국을 독립국가로 재건하기 위해 한국 임시정부를 수립하고, 이것을 미·영·소·중의 4개국이 공동관리한다는 것이다. 그 기간은 최고 5년으로 하고, 임시정부 수립을 돕기 위해 미·소 공동위원회를 설치키로 했다.

이 소식이 전해지자 국내의 좌익단체들은 민주주의민족전선을 결성하고 3상회의의 결정을 전적으로 지지하고 나섰다. 그러나 김구와 이승만을 중심으로 한 우익단체들은 비상국민회의를 열고 신탁통치를 반대하며 즉각 독립을 주장했다. 결국 신탁이냐, 반탁이냐의 문제를 놓고 좌익계열과 우익계열 간의 대립, 분열, 투쟁이 전개되었다.

미·소 공동위원회가 덕수궁에서 몇 차례 열렸다. 하지만 양국의 자기 주장 때문에 결렬되고 말았다. 이에 미국은 3상회의의 결정을 포기하고 한반도 문제를 유엔에 넘겼다. 그리고 유엔한국임시위원회를 결성하는 데 성공했다. 곧 그 위원단의 감시 하에 자유선거를 실시하고, 국회와 정부가 수립된 후에는 미·소 양군이 철수하기로 한 것이다. 그러나 소련은 이것이 3상회의에 위배된다는 이유로 반대하고 있었다.

이러한 국제상황 속에 있는 국내의 정치집단들은 자신의 입지조건을 강화하기 위한 이해타산에만 급급해하고 있었다. 김일성은 소련을 등에 업고 있었으며, 이승만은 미국을 등에 업고 있었다.

한편, 좌우합작운동을 통해 남북한 통일정부 수립을 주장한 집단이 있었다. 여운영은 좌익의 입장에서 통일정부 운동을 전개했고, 김구는 우익의 입장에서 통일정부 수립운동을 전개했다. 그러나 결국에는 이 두 지도자들이 모두 암살당해야만 하는 것이 우리의 역사적 현실이었다.

8개국 대표로 구성된 유엔한국임시위원단이 총선거를 위해 한반도에 파견되었다. 그러나 소련은 그들이 38도선 이북으로 오는 것을 거절했다. 이에 유엔은 다시 가능한 지역만의 총선거를 가결하고, 1948년 5월 10일을 기해 남한만의 총선거를 실시했다. 이로써 남한만의 제헌국회가 형성되었다. 그리고 그 국회가 만든 헌법에 의해 이승만을 수반으로 하는 대한민국이 1948년 8월

헨리 모어,
〈두 쪽의 여인상〉, 1963

15일을 기해 출범되었다. 이에 맞서 이북에서는 9월 9일, 김일성을 수반으로 하는 조선민주주의인민공화국을 수립 선포하였다.

이로써 한반도는 남북으로 분단된 반쪽씩의 국가로 정착하는 역사적 비운을 맞이하게 되었다. 헨리 모어의 두 쪽으로 된 여인상은 우리의 자화상인 것만 같다.

바벨론의 포로였던 이스라엘의 해방에 앞서 하나님께서는 에스겔에게 환상을 보이셨다. 그것은 골짜기에 가득 찬 마른 뼈들이 생기를 받고 되살아나는 환상이었다. "이 뼈들이 바로 이스라엘 족속이다", "내 백성아, 내가 너희 무덤을 열고, 무덤 속에서 너희를 이끌어 내고, 너희를 이스라엘 땅으로 들어가게 하리라"(에스 37:11f.). 무덤 같은 바벨론 포로생활에서 해방되어 고국으로 돌아가는 환상이었다.

그런데 이 때에 하나님께서 에스겔에게 분부하신 것이 있었다. 그것은 두 막대기를 가져다가 하나에는 유다라 쓰고, 또 하나에는 이스라엘이라 적어서 둘을 연결시켜 하나가 되게 하라는 분부였다. 그것은 "그들을 한 백성으로 만들고, 한 임금이 다스려 다시는 두 나라로 갈라지지 않을 것"을 상징한 것이었다(에스 37:20-23). 그들은 일찍이 솔로몬 왕이 죽은 후 남북으로 갈라진 역사를 가진 민족이다. 해방공간의 혼돈을 틈타 그들의 정권욕이 다시 분단을 초래할 것을 염려하신 하나님의 분부였다.

에스겔이 본 환상과 하나님의 분부는 수천 년이 지난 오늘의 우리의 역사적 상황에도 그대로 해당되는 것이었다. 그러나 우리는 남북으로 분단됨으로써 그 환상이 깨어지고 말았다. 38선은 국제적인 욕심과 우리들의 정치적 욕심의 합작품이다.

3) 혼돈과 빛

혼돈의 해방공간 속에서는 거의 문화적 생산을 기대할 수 없었다. 다만 몇몇 예술가들만이 그 해방공간 자체를 소재로 창작작업을 전개해 나갔다. 그중 전형적인 인물로 이쾌대(1913-1969)를 꼽을 수 있을 것이다.

그는 정치적 이데올로기의 시종 노릇하는 것은 예술의 길이 아니라고 생각했었다. 그러나 결국은 좌우 이데올로기의 갈등과 분단된 조국이 그를 희생시키고 말았다.

이쾌대의 작품활동을 지탱해 온 것은 민족의식과 역사의식이다. 그는 좌우의 갈등을 넘어서 민족의 역사적 현실을 통찰하고 그 향방을 제시하는 거시적 안목을 가진 예술가였다. 그에게는 민족의 역사적 상황을 뚫어보고 그 진상을 그림으로 표현하는 능력이 있었다. 그의 학생 시절의 작품인 <상황>(1938)은 그가 인식한 식민지 조선의 실상을 표현한 것으로 이해된다. 깨어진 밥그릇을 앞에 놓고서도 춤을 추어야만 하는 무희, 뚜쟁이의 농간으로 옷을 벗어야만 하는 여인, 무표정한 눈으로 이들

이쾌대, 〈상황〉, 1938

을 바라보며 지나가려는 남녀 지성인들의 모습은 식민지 조국의 표정들이었다.

이쾌대의 민족적 역사 의식이 절정에 이른 작품은 해방 공간을 메운 그의 <군상> 시리즈이다. 그는 해방을 맞이하자 민족의 희망찬 내일을 펼쳐 보이려고 했다. 그중에도 빛나는 작품은 <군상 I>과 <군상 IV>이다.

"해방 고지(告知)"로 알려진 <군상 I>은 이미 해방 전부터 구상해 온 작품이었다고 한다(이것은 이미 앞에서 도판으로 소개한 바 있다). 왼쪽의 달려오는 두 처녀는 해방 소식을 전하고 있고, 이들을 맞이하는 군중은 혼돈 속에서도 밝은 하늘을 바라보며 움직이고 있다. 한편 오른쪽 아래에는 시제도 변해가는 지난 날의 비운과 고난이 누워 있다. 현재에서 과거와 미래를 조감하고 있다.

이쾌대의 작품 가운데 최고의 걸작은 1948년에 제작된 <군상 IV>이다. 이것은 일제 식민지로부터 해방된 우리들의 사회적 혼돈과 그 속에서도 굴하지 아니하고 미래의 빛을 향해 몸부림치던 해방공간의 자화상이다.

<군상 IV>는 오른쪽 아래로부터 왼쪽 꼭대기를 향한 대각선 구도 위에 30여 명의 인물을 배치한 군상도이다. 그것은 어둠으로부터 광명을 향해 움직이는 그림이다. 군상은 나체로 그려져 있다. 옷이 상징하는 허위의식을 벗어난 역사적 실재를 표현하려고 했다.

오른쪽 아래에는 지치고 피곤한 한 여인과 불안에 찬 어린이가 앉아 있다. 이것이 일반 민중들이다. 그런데 그 뒤에는 남정네들이 서로 물어뜯고 돌로 내려치는 등 난장판을 벌이고 있다. 정권을 노린 좌우 정치배들의 추태상이다. 그러한 틈에서도 깨어진 그릇을 뒤지며 보물을 찾는 인간이 있다. 돈에 눈이 먼 모리배들이다.

화폭 중앙에는 건장한 청년의 팔에 안긴 실신한 여인상이 있다. 40년간 일본에 능욕당한 조국의 형상이다. 해방은 되었다지만 이제는 또 남북으로 갈라져서 허리가 부러진 상태이다. 이에 젊은이들은 조국의 부러진 허리를 감싸안고 미래를 향해 전진해야 하는 것이다. 한 발을 내디딘 왼쪽의 군상들은 미래를 응시하고 있다. 그들은 어두웠던 과거를 떨치고, 혼돈의 현재를 뒤에 둔 채 밝은 미래를 향해 전진하고 있는 것이다.

이쾌대, 〈군상 IV〉, 1948

2. 전쟁과 사랑

1) 사랑과 6·25동란

온화한 공주에서의 생활은 낭만적이었다. 무엇보다도 윤정은과의 사랑에 젖어 있던 나의 눈에는 모든 것이 아름답고, 모든 사람들이 사랑스럽기만 했다.

충청도의 미풍이라고 할까? 주말에는 학부형들의 초대를 자주 받았다. 집에서 담근 동동주를 단지 째 내어놓고 대접했다. 해방 직후 잠시 동안 맛보았던 후한 인심이 이곳에는 계속 살아 있는 듯했다.

가까이 사귈 수 있는 친구들을 만났다. 화학선생 양준호 씨와 지리선생 최의영 씨와는 거의 매일같이 방과후에 만났다. 뒷동산이나 강가에 있는 산성을 찾아서 예술과 인생 등을 논하며 풍류를 즐겼다.

한편, 수학선생 유희세 씨는 진지한 성서연구가였다. 한동안 우리는 새벽마다 모여 함께 메이첸의 헬라어 문법을 공부하기도 했다. 또 한 분 문화사를 가르치던 백상조 선생을 만났다. 그는 성서 고전어와 한문에 능한 분이었다. 그가 때로는 성서연구 모임을 주관하기도 했지만 교회에는 나가지 않았다. 그의 깊은 종교적 통찰력에 감탄했다. 후에 알게 된 것은 그가 한때 이단으로 몰린 이용도 목사 일행의 중심에 있던 백남주라는 사실이다. 그때부터 나는 이용도의 신앙운동에 대해 새로운 관심을 갖게 되었다.

1950년 3월, 정은의 졸업을 앞두고 우리는 약혼식을 올렸다. 장인이 될 윤성열 목사님의 주례로 그 댁에서 행한 것이다. 그리고 9월에 결혼하기로 했다.

약혼 후의 우리들은 그 어느 때보다도 즐겁고 희망에 부푼 나날을 보내고 있었다. 그런데 6월 25일, 느닷없이 인민군이 38선을 넘어 남침해 들어온 것

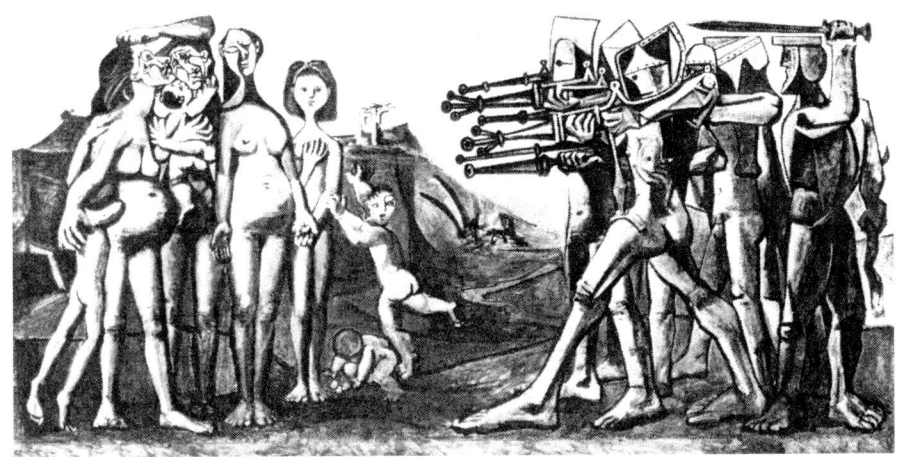

피카소, 〈한국에서의 학살〉, 1951

이다. 4일 만에 인민군은 서울을 점령했다. 서울을 사수한다던 정부는 "안심하라"는 이승만 대통령의 녹음 테이프만을 틀어놓고 자기들은 피난해 버렸다. 점심은 평양에서 먹고 저녁은 신의주에서 먹는다던 국군 역시 시민들만 남겨둔 채 남쪽으로 후퇴해 버렸다. 벌거벗은 민중들만 무장된 침입자 앞에 노출되어 버린 것이다.

공주에 있던 우리들은 설마 이곳까지 공산군이 오리라고는 생각지 않았기 때문에 머뭇거리고 있었다. 그런데 인민군이 대전까지 내려왔다는 소식이 들려왔다. 그제서야 우리는 피난길에 올랐지만 때는 이미 늦었다.

계룡산 근처에서 서성대던 나는 피난길을 포기하고 공주로 되돌아왔다. 학교에 나가 보았더니 이미 정치보위부원이라는 사람들이 지휘하고 있었다.

다음날 나는 학교로 가는 대신에 괴나리봇짐을 지고 밀짚모자를 푹 눌러쓴 채 서울을 향해 떠났다. 피신보다는 정은이의 소식이 더 궁금했던 것이다.

집이 서울에 있던 학생 둘이 따라나섰다. 길에는 오고 가는 피난민들의 행렬이 끊이질 않았다. 검문소를 피하고 폭격을 피하면서 산길을 따라 걸었다. 십여 일만에 우리는 서울 근교 과천에 도착했다. 한강을 건너는 장정들을 인민군이 잡는다는 소식에 나는 과천에 머물고 학생들만 시내로 들어가기로 했다. 고맙게도 그들은 윤 목사댁의 피난처를 알아내어 나에게 전해 주었다.

2. 전쟁과 사랑

수소문 끝에 찾아간 곳은 안양 근처의 작은 마을이다. 처가와의 만남은 기쁨보다도 불안에 찬 감격이었다. 마을은 인민회의 지배 하에 있었기 때문에 우리는 숨을 죽이고 숨어서 지내야만 했다. 한때 정은과 신학생인 처남 대영이와 함께 관악산으로 피신해 보기도 했다. 하지만 10여일 만에 우리는 다시 헤어질 수밖에 없었다.

나는 막연히 공주를 향해 방랑의 길을 떠났다. 검문소들을 피하면서 해안선을 따라 걸었다. 둔포를 지나 온양으로 들어왔다. 그곳에 있던 양준호 선생 댁을 찾아갔다. 감격스런 만남과 함께 모친의 따스한 환대를 받았지만 다시 떠나야만 했다.

공주 근교에서 서성대며 지내던 나는 어느 날 황급히 달아나는 인민군들을 보았다. 그리고 다음날에는 미군부대가 들어오고 있었다. 하루 사이에 세상이 바뀐 것이다. 용기를 얻은 나는 군속을 자청하여 군복을 얻어 입고 미군 지프차를 타고 서울로 올라갔다. 이른바 9·28 수복에 동참한 셈이다. 하지만 나의 관심은 정은이를 만나고 동생 병식이를 찾아보는 데 있었다.

내가 있던 부대는 38선을 넘어 북진한다고 했다. 나는 그들의 양해를 얻어 군속의 일을 그만두고 서울에 있다가 공주의 학교로 돌아가기로 했다.

폐허가 된 서울에서의 정은과의 만남은 또 하나의 감격이었다. 그는 강가에 쓰러져 있는 무수한 시체들을 보았다고 했다. 다음날 우리는 병식이를 찾아 그가 있던 명륜동의 하숙집으로 갔다. 그러나 그는 없었다. 폭격이 심하던 어느 날 동원되어 한강 쪽으로 나갔다는 것이 우리가 얻을 수 있는 소식의 전부였다. 병식은 어려움 속에서도 작품 활동을 계속 했었다. 49년에 있었던 제1회 대한민국미술전에 <逆天>을 출품했고, 개인전을 준비하던 중에 6·25를 만난 것이다.

며칠 후에 정은과 나는 11월 29일에 결혼하기로 하고 헤어졌다. 결혼날짜가 다가오자 공주에 있던 나는 트럭을 얻어 타고 서울로 올라왔다. 중공군의 개입으로 전세가 다시 불안해지던 때였다.

결혼식은 처갓집 안방에서 장인의 주례로 치러졌다. 정은은 그래도 새 옷 한 벌을 입고 있었으나 나는 미군 담요로 만든 점퍼를 걸치고 있었다. 사진 촬영이나 예물 같은 것은 생각조차 할 수 없었다. 그러나 그 날은 함박눈이 수북히 내려 우리를 축복해 주고 있었다.

　북진했던 유엔군이 차츰 중공군에 밀려 후퇴하기 시작한 불안한 때였다. 우리는 남행하는 트럭을 얻어타고 남쪽을 향해 떠났다. 이것이 말하자면 우리들의 신혼여행이 된 셈이다.

2) 고향과 나그네

　우선 공주로 내려갔다. 그곳에는 집안 어른들이 계셨고, 또한 내 직장이 있는 곳이다. 그러나 오래 머물 수는 없었다. 1·4 후퇴와 함께 피난민들이 몰려오고 있었다.

　우리도 다시 남쪽으로 내려갈 준비를 했지만 후퇴하던 유엔군이 반격한다는 소식에 주춤하고 있었다. 그러던 차에 전주를 다녀온 국어선생 이은문 씨가 전주의 평온함과 함께 전주사범학교에서 교사를 구하고 있다는 소식을 전해 주었다. 그리하여 공주사범 선생 다섯 명이 집단으로 이주해 갔다.

　전주는 별천지와도 같았다. 전쟁의 흔적이 없을 뿐만 아니라, 고풍 어린 기와집들이 그대로 산재해 있어 "고향"이라는 이미지를 불러일으키는 곳이었다.

　나는 본시 황해도 남천에서 태어났다. 소학교 때 강원도 춘천으로 이사와서 그곳에서 고등학교까지 다녔기 때문에 고향의식이 희미하기도 하고, 한편으로

이수억,
〈6·25 동란〉,
1954

소금, 〈고향을 풍기는 마을〉, 1985

는 고향에 대한 그리움 같은 것이 항상 내 마음속에 있어 왔다. 낡은 기와집이나 초가집이 있는 고풍스러운 마을은 언제나 내 고향의식을 자극해 주었다.

우리는 우선 오래간만에 안도감을 맛보았고, 정은과 나는 비로소 우리의 가정이라는 것을 느낄 수 있었다.

사범학교에서 냇물을 하나 건너면 그곳에 남문밖교회가 있다. 우리는 그 교회에 참석했다. 당시 전주에는 감리교회가 없었다. 남문밖교회는 고득순 목사님이 개척하고 30년간 목회한 다음 지금은 그 교회의 원로 목사로 있는 교회이다. 그 분을 만날 수 있었던 것이 내가 피난 생활 속에서 얻은 가장 큰 축복 중 하나이다.

전주 10대 한학자 중 한 사람으로 손꼽히는 고 목사님에게서 나는 이상적인 한국 목회자상을 볼 수 있었다. 그의 속에는 성서와 함께 사서삼경이 들어 있었다. 그는 성경과 찬송가를 들고 다니지 아니했고, 그의 설교는 동양 고사를 들어 성경의 정곡을 찌르는 간결한 것이었다. 고 목사님의 사상을 가다듬는 것은 성리학과 요한신학이었다. 그는 내게 이런 말을 한 적이 있다.

"나는 요한복음서 하나를 가지고 30년 간 설교했지만, 아직도 다 해명하지 못하고 있어 늘 아쉬움이 남는다."

고 목사님의 호는 "本天"이다. 하늘에 고향을 가진 천국시민이다(빌립 3:20). 전쟁과 피난에 시달려 오던 우리에게 그의 호는 우리의 참 존재를 일깨워 줌으로써 큰 위로를 안겨 주었다.

그는 나에게 "素石"이라는 호를 지어 주었다. 새로운 이름이 적힌 흰 돌을 뜻한다(계시 2:17). 근자에 이르러 나는 줄 없는 가야금이라는 뜻에서 "素琴"으로 바꾸었지만 그 뿌리는 "소석"에 있다.

고 목사님은 가끔 "心虛爲福"이란 글을 써 주시기도 했다. 산상수훈의 첫 구절이다. 고향이 하늘인 그리스도인에게는 이 세상에 집착할 것이 없다. 나는 이것을 "하늘 나그네"라 표현했다. 피난생활을 하던 그리스도인의 자기 표현이다. 그리하여 나는 <나그네>라는 산문을 적어 보았다.

그 속에는 이런 구절들이 있다.

  영원한 하늘나라 내 집 하는 나그네
  발걸음 닿는 곳이 하룻밤 주막이라
  마음드는 주막집 찾아들어서 한바탕 즐기는 나그네려니
  마음가면 매일 것 없이 웃어가며 떠나가는 나그네

  예술이 하룻밤 주막이며
  정치가 하룻밤 주막이 아니드냐

  아름다움을 알려거든 예술가여
  유유하는 나그네 되라
  세상을 다스리려거든 정치가여
  욕심도 허영도 모르는 나그네 되라

고 목사님께 한문을 배우던 나는 또 이렇게 집약해 보기도 했다.

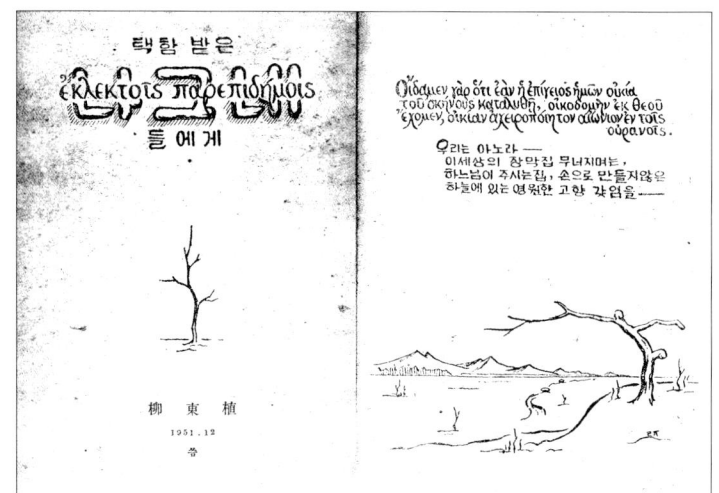

⟨나그네⟩ 표지와
속표지

我在天中地一邊
無我樂天相愛存
한울 한 가운데
땅 한 끝에 선 너와 나
이제는 하늘 나그네 되어
서로 사랑 살고 지고

전주에 머문 지 2년이 지날 무렵 우리는 아들을 얻었다. 나는 그의 이름을 "樂民"이라 했다. 하나님의 즐거운 백성이란 뜻이지만, 그 앞에 성씨를 붙이면 "유랑민"이 된다. 하늘 나그네가 유랑하는 피난길에서 아들을 얻은 즐거움을 표현하고 싶었다.

그러나 고 목사님의 견해는 달랐다. 버드나무에 꽃이 피는 봄이 온 것이라 하여 "來春"이라고 지어 주셨다. 그리하여 어른의 뜻을 따라 호적에는 래춘이라 올리고, 집에서는 락민이라고 불렀다.

이 무렵에 대한교육연합회는 "대한교육의 신 구상"에 대한 현상논문을 모집하고 있었다. 신학은 넓은 의미의 인간교육학이라는 생각에서 기독교 정신에 입각한 나름대로의 한국 교육에 대한 구상을 정리해서 보냈다.

뜻하지도 않게 내 논문이 수석으로 당선되어 ⟨새교육⟩ 지에 전문이 게재되었다. 수복 직전인 1953년 초의 일이었다.

7월에 휴전협정이 체결되자 부산에 있던 정부기관들이 서울로 돌아갔다. 그간 제주도를 거쳐 전주에 와 있던 장인 윤성열 목사님 가족들도 9월에 서울로 돌아갔다. 정은도 락민이를 안고 친정을 따라 서울로 갔다. 나는 학기 수업을 마칠 때까지 남아 있다가 1954년 봄학기부터 서울의 배화여자고등학교에서 종교주임이란 이름으로 교목 일을 담당하기 시작했다.

3) 벌거벗은 십자가

오랜 줄다리기 협상 끝에 1953년 7월 27일, 유엔군과 인민군 사이에 휴전협정이 체결되었다. 이로써 만 3년에 걸친 전쟁이 끝났다. 실은 세계 각국의 훈수를 받으며 동족끼리 싸운 비참한 전쟁이었다. 도시 건물들의 파괴는 물론이려니와 사망자만도 남북 합쳐서 약 150만 명이요, 부상자는 무려 360만 명에 이른다고 한다. 당시 우리의 총인구는 3천만 명에 불과했다.

6·25 전쟁으로 인해 피해를 입지 않은 가정이 없었다. 우리 집만 해도 학도병으로 징집되었던 처남과 사촌이 전사했고, 화가였던 동생이 실종되었다. 그리고 몸이 약했던 조모와 부친과 숙부가 모두 세상을 떠났다.

왜 우리는 동족끼리 서로 싸워야만 하는가? 오랜 세월 동안 일본의 식민지로 고생하다가 겨우 해방과 독립을 얻었는데, 왜 우리는 서로 죽이는 싸움을 해야만 하는가? 역사를 주관하시는 하나님의 섭리는 과연 무엇일까? 6·25 전쟁에도 어떤 의미가 있는 것일까 하는 등 끝없는 의문이 제기된다.

우리의 조국이 남북으로 분단된 것은 초강대국들의 제국주의적 야심 때문이었다. 한반도의 상황은 동서양 이데올로기의 대립과 세계 냉전체제가 만든 작품인 동시에 세계의 안전판이기도 했다. 그런데 이 안전판이 터졌던 것이다. 우리는 양대 진영의 갈등을 대신 걸머지고 처참한 전쟁을 감당해야만 했다. 이것으로 말미암아 제3차 세계대전의 위험을 무산시킬 수가 있었다고 생각한다. 안전판인 우리의 희생으로 인해 세계는 다시 평화공존의 희망을 갖게 된 셈이다.

우리는 이스라엘 민족이 그러했듯이 세계의 고난을 대신 걸머진 오늘의 선민이라고 생각한다. 6·25 전쟁은 인류를 위한 대속전(代贖戰)이었다. 이사야의 예언은 우리를 두고 부른 노래이기도 하다.

> 그는 사람들에게 멸시를 받고
> 버림을 받고 고통을 많이 겪었다.
> 그는 언제나 병을 앓고 있었다.
> ……
> 그는 실로 우리가 받아야 할 고통을
> 대신 받고, 우리가 겪어야 할 슬픔을 대신 겪었다.
> ……
> 그가 징계를 받음으로써
> 우리가 평화를 누리고
> 그가 매를 맞음으로써
> 우리의 병이 나았다(사 53:3-5).

우리의 민족적 고난이 갖는 역사적 의미를 자각하고 이것을 작품으로 표현한 이는 화가 박수근(1914-1965)이다. 그는 6·25 전쟁에서 민족적 십자가를 보았고, 동시에 부활의 봄을 내다본 예술가였다.

박수근은 가난 속에서 독학으로 화가가 된 예술가이다. 그는 비록 서구적인 화법을 익혔으나, 그가 창안해 낸 예술은 한국적인 것이었다. 우리의 전통적인 석탑이나 불상에서 아름다움의 원천을 감지하고 이것을 자신의 그림에 도입하려고 했다. 더 거슬러 올라가서는 고구려의 고분 벽화에서 예술의 영감을 얻기도 했다.

그가 평생을 두고 그린 소재는 가난한 한국의 농촌이다. 그것도 앙상한 나무와 그 밑을 오고 가는 여인들의 모습이 주류를 이루고 있다. <나무와 두 여인>(1962)은 그의 대표적인 작품이다. 그는 이에 앞서 6·25를 겪고 난 50년대에 이미 두 장이나 같은 그림을 그린 바 있다. 그만치 이 그림은 그의 세계관과 미의식이 표출된 작품이다.

화강암같이 거친 화폭 바닥을 가득 메우고 있는 것은 잎새 하나 없는 한 그

박수근, 〈나무와 두 여인〉, 1962

루의 나무이다. 그리고 그 밑에 두 시골 아낙네가 서 있다. 하나는 어린이를 등에 업고 있으며, 또 하나는 머리에 광주리를 이고 일하는 여인상이다.

박수근은 그리스도인이었다. 벌거벗은 나무가 전쟁이 빚은 죄악을 걸머진 십자가라고 한다면, 그 밑에 두 여인은 어머니 마리아와 막달라 마리아일 것이다.

벌거벗은 겨울 나무는 죽은 것이 아니라 부활의 봄을 기다리고 있을 뿐이다. 6·25 전쟁으로 한국은 벌거벗은 나목으로 변해 버렸다. 그러나 그리스도인이었던 박수근은 거기에서 새롭게 싹틀 부활의 아침을 내다보고 있었던 것이다. 그렇기 때문에 나무 밑의 여인들은 단순히 슬픔에 잠겨 있는 두 마리아와는 달리, 미래의 주인공이 될 어린이를 기르며, 또한 오늘의 생계를 조달하고 있는 것이다.

박수근은 가난과 전쟁의 참상 속에서도 절망하지 아니하고 되살아날 한국의 미래를 내다보고 있었다.

3. 나그네의 자유와 사랑

1) 나그네의 자유

1898년에 남감리교 선교사에 의해 설립된 배화학당은 일제 말엽에 선교사들이 추방되자 그 운영권을 사회재단이 인수했다. 그러나 해방 후에 다시 감리교 재단으로 환원되었고, 1953년에는 기독교학교로서 전수진 씨를 첫 교장으로 임명했다.

전 교장의 첫 과제는 기독교학교로서의 정체성을 재확립하는 일이었다. 그리하여 기독교 교육을 전담할 교목을 물색하던 중 나를 만나게 된 것이다. 나는 목사가 아니었기 때문에 종교주임이라는 이름으로 채용되었다. 성실한 교인이었던 이한준 교무주임과 함께 기독교 교육에 힘쓰게 되었다.

소금, 〈50년대의 배화〉

학교 규모는 중학교가 6학급, 고등학교가 3학급 합쳐서 9학급이었다. 따라서 나는 학급마다 매주 한 시간씩 성서를 가르쳤고, 두 학년씩 나누어서 세 번 예배를 인도했다. 바쁘고도 벅찬 과업을 수행해야만 했다.

나는 그간 몇몇 학교에서 꽤 오랫동안 사회윤리나 영어를 가르쳐 왔다. 그런데 부끄러운 이야기지만 별로 책임감 같은 것을 느끼지 아니하고 교과서를 따라 적당히 가르쳐 왔다. 그런데 이번에는 달랐다. 내 전공분야일 뿐만 아니라, 목회적 책임감 같은 것이 나를 긴장하게 했다.

무엇을 가르쳐야 할 것이냐 하는 것이 문제였다. 교재로는 성서가 있을 뿐이다. 성서라지만 그 내용이 방대한데다가 대부분의 학생들이 기성 교인이 아니었다. 과연 그들에게 성서가 갖는 의미가 무엇일까 하는 생각이 들었다.

나는 우선 성서에 나타난 예수님의 핵심되는 문제가 무엇인가를 파악하고, 그 빛에 비추어서 인생문제들을 학생들과 함께 논의해 보려고 했다. 그리하여 서둘러서 《예수의 근본문제》라는 책자를 준비했다.

내용은 셋으로 집약된다.

첫째, 하나님의 나라이다. 하나님이 지배하시는 자유와 평화와 사랑의 나라 실현을 위해 일하시고 가르치신 것이 예수님의 일생이다.

둘째, 마음이 가난한 자만이 하나님의 나라를 차지하게 된다는 것이다. 나와 이 세상에 대한 집착을 버리고 하나님의 나라를 향해 가는 하늘 나그네가 되어 사는 길을 가르치셨다.

셋째, 우리들의 아버지가 되신 하나님의 본성은 사랑이시다. 따라서 그의 자녀가 된 하늘 나그네의 삶은 창조적 사랑으로 이루어져야 한다.

나는 이 세 개의 초점, 곧 하늘나라와 자유와 사랑에 대하여 가르치고 논의하도록 했다. 특히 전쟁으로 시달려 온 젊은이들에게 희망과 활기를 불러일으키게 하는 것은 그리스도 안에서 하늘 나그네가 되어 자유와 사랑의 삶을 살게 하는 데 있다고 믿었다.

나는 난편적인 성서 지식을 주입하려 하지 않았다. 녹음이 우거진 쾌창한 날에는 학생들을 이끌고 인왕산에 올라가서 산상수훈을 읽어 주고 내려오기도 하고, 함박눈이 내린 날에는 수업을 그만두고 운동장에 나가 눈싸움을 하기도 했다.

한편, 학예부 학생들과 함께 〈배화〉지를 창간했다. 1954년 6·25날을 기해 발간한 것이다. 20면으로 된 월간지였다. 힘든 작업이었지만 학생들과 선생님들의 풍성한 글 잔치의 마당을 제공하게 된 것을 기뻐했다.

나도 유민 또는 柳悠遊라는 필명으로 자주 글을 실었다. 심지어는 만화까지 그려 넣는 등 정성을 다했다. 한번은 내 필명에 대해 궁금해 하는 학생들을 위해 이렇게 썼다.

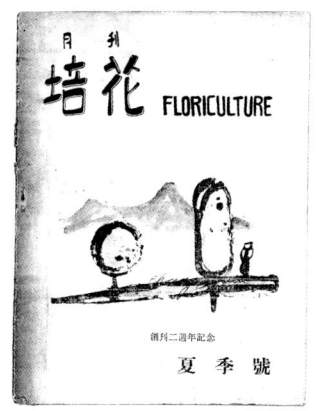

〈배화〉 표지

"버들이 호수 위에서 바람을 타고 유연히 놀 듯이 인생을 살아 보자는 것입니다.《장자》소요유 편에 나오는 붕새처럼 구만리 상공을 날으며 유유자적하자는 것입니다. … 그러기 위해서는 마음이 비어야 하고, 자기가 없어야 합니다.지극한 사람은 자기가 없다고 합니다(至人無己). 그러기 위해서는 '하나' 안에 머물러야 하는데, '하나'란 곧 하나님을 뜻합니다."

2) 여장(旅裝) : 도(道)와 로고스론 서설

1956년 6·25날에 발행된 〈배화〉지는 창간 2주년을 기념한 특별호였다. 나는 거기에 '旅裝'이라는 수필 형식의 논설을 실었다. 그리고 그 부제를 "道와 로고스론 서설"이라 했다. 다소 무거운 내용이었지만 나로서는 내가 믿고 아는 것을 정리해서 학생들에게 남겨 주고 싶었던 것이다.

그해 일학기가 끝나면 나는 미국으로 유학의 길을 떠나게 되어 있었다. 따라서 이것은 〈배화〉지에 실린 마지막 글이 되는 셈이었다.

유학이란 일종의 나그네길을 떠나는 일이다. 따라서 나에게는 새로운 나그네 차림이 필요했다. 그런 뜻에서 제목을 '여장'이라고 했다. 그러므로 이 글은 학생들에게 주는 것인 동시에 내 자신을 위한 내용이기도 했다. 여기에는 앞으로 전개될 내 연구의 방향과 윤곽이 또한 들어 있었다.

이를 간추려 본다.

"변화무쌍한 여로에는 거추장스러운 것이 없이 자유자재하도록 홀가분하게 차리는 것이 슬기롭다. 전도여행을 떠나는 제자들에게 두 벌 옷도 가지지 말라고 분부하신 갈릴리의 스승도 있었거니와, 되도록이면 '하나'로 줄여 보는 것이 제일이다."

"인생은 나그네다. 나그네는 인생의 모습이다. … 나그네를 자유롭게 하고, 여로를 즐겁게 하는 것은 장비로서의 여장이 아니라 실은 보는 눈이며, 마음이다. '하나' 안에 깊이 머무는 참된 자유인이어야 한다. 이것이 바로 간편하고 든든한 참 여장이다."

"'하나'의 의미를 밝힌 이로는 동양의 옛 자유인의 한 사람을 잊을 수가 없다. 그는 이 '하나'를 道라고 했다. 도란 천지만물을 존재케 하는 '하나'이다. 그러므로 천지만물은 그 '하나'를 얻음으로 해서 만사가 정연해진다. 그러지 못할 때 만물은 허망한 것이 된다. 이 '하나'를 인격화하여 '님'자를 부치고 보면 그 뜻이 더욱 분명해진다."

"'하나'를 얻는 길은 마음을 비우는 심허(心虛)에 있다. … 허도(虛道)에 서서 볼 때 만물은 고요히 근본으로 돌아가고 있을 뿐 거기엔 하등의 소요가 없다. … 마음을 비우고 하나를 얻은 자에게는 도처에 푸른 산이 있을 뿐이다. 나그네의 즐거움은 여기에 있다."

"제1세기의 사상가 파이로는 유대의 전통적 종교사상과 헬라의 철학사상을 하나로 통합하는 개념으로 '로고스'라는 말을 사용했다. 이것은 원래 헬라사상에 있어서 존재의 원리를 뜻했다. 그러나 이것이 성경에 사용됨으로써 인격적인 절대자를 뜻하는 말이 되었다. 이제 다시 이 로고스와 통합할 수 있는 동양적인 개념을 찾는다면 그것은 道가 될 것이다. 道란 길이다. 존재의 근본인 하나님께로 통달하는 길이다. 道란 이치이다. 존재의 원리를 표시하는 理다. 道란 言이다. 곧 인격적 말씀이다. 道란 由이다. 존재의 근거요, 창조의 뿌리이다. 이토록 심오하고 다양한 뜻을 가진 개념이기 때문에 요한복음 첫 구절들은 본래 이렇게 번역되었다. '태초에 道가 계시니라. 이 도는 하나님과 함께 계셨으니, 이 도는 곧 하나님이시니라, 만물이 그(道)로 말미암아(由) 지은 바 되었으니 지은 것이 하나도 그가 없이는 된 것이 없느니라."

"道가 육신이 되어 우리 가운데 거하시다(道成人身者). 예수에게서 우리는 구체적인 道에 직면하게 된다. 믿음이란 믿음의 대상을 소유하는 것이다. 그리스도를 믿는 자들을 향해 예수는 이렇게 말했다. '그 날에는 내가 아버지 안에, 너희가 내 안에, 내가 너희 안에 있는 것을 너희가 알리다'(요한 14:20). 하나님과 道와 인간이 하나가 될 때, 여기에 구원이 있고, 하늘나라가 성취되는 것이다."

3) 사랑과 아름다움

나는 2년 남짓 종교주임 일을 하면서 학생들에게 하나님의 자녀된 자유와 함께 사랑을 강조해 왔다. 우리들의 아버지 되신 하나님은 자유의 영이신 동시에 사랑이시기 때문이다(요한 4:24; 요일 4:16).

사랑 없는 자유는 묘지 위에 흐르는 바람과도 같을 것이다. 죽음은 자유와 평화를 초래할지도 모른다. 그러나 사랑과 아름다움은 살아 있는 존재들의 몫이다. 삶의 기쁨을 초래하는 것은 사랑이다.

인간은 사랑과 아름다움을 추구해 왔다. 그러나 사랑과 아름다움에 대한 이해는 문화권에 따라 그 특성을 달리하고 있다.

인류의 문화권은 이것을 크게 셋으로 나누어 볼 수 있을 것 같다. 인간이 만물의 척도라고 보는 그리스의 휴머니즘 문화권이 그 하나요, 인간은 초월적인 법 또는 도와의 조화를 추구하는 존재로 보는 동양종교 문화권이 그 두 번째이다. 그리고 세 번째로는 하나님의 사랑으로 새 사람이 되어 새로운 세계를 창조해 가려는 서구의 기독교 문화권을 들 수 있다.

위의 세 문화권에서 이해된 이상적인 사랑과 아름다움을 각각 돌에 새긴 대표적인 작품들이 있다. 곧 <밀로의 비너스>와 <석굴암의 보살상>, 그리고 미켈란젤로의 <피에타>가 그것이다.

밀로의 비너스

신의 형상대로 창조된 인간의 아름다움을 인체에서 발견하고 이것을 찬양한 사람들은 고대 그리스의 예술가들이었다. 시인들은 신화를 통해 아름다운 인간상을 전형화하였고, 조각가들은 이것을 돌로써 형상화했다. 이상적인 인체상들을 만들어 낸 것이다. 기원전 5세기경의 그리스 고전시대의 조각상들이 그러하다.

그 후, 헬레니즘 시대의 세계화와 풍요로움은 세속화의 풍조를 몰고 왔다. 정신적 아름다움보다는 육체적 미를 추구하게 되었다. 이 시대에 널리 숭상되게 된 것이 사랑과 미의 여신 아프로디테이다. 이것을 로마에서는 비너스라고 불렀다.

아프로디테의 본질을 드러내는 것이 그의 아들 '에로스'이다. 에로스는 이성간의 사랑을 뜻하는 개념이다. 그리움과 접촉관계를 특성으로 한다.

에로스에서는 사랑이 아름다움에 우선한다. 아름답기 때문에 사랑하는 것이 아니라, 사랑하기 때문에 아름다운 것이다. 아프로디테는 본래 육감적인 에로스 사랑의 여신이었다. 그러나 그는 차츰 아름다움의 여신으로 승화되어 갔다.

기원전 2세기경에 조성된 최고의 아프로디테 상이 있다. 멜로스에서 발견된 <밀로의 비너스>가 그것이다. 최고라고 한 데에는 두 가지 뜻이 들어 있다.

하나는 미술사적인 조각미의 극치를 말하는 것이요, 또 하나는 육체미와 함께 정신미를 균형 있게 담고 있다는 뜻이다. 단순한 관능적인 육체미를 넘어서 격조 높은 고전미를 담고 있는 여인상이다. 휴머니즘이 추구한 이상적인 인간상이다.

석굴암의 보살

석가여래는 입멸에 앞서 제자들에게 유언했다. "내가 죽은 후에는 나의 가르침과 계율이 너희들의 스승이 되리라. … 게을리 하지 말고 수행에 힘쓰라." 그로부터 수백년에 걸쳐 제자들은 수행에만 힘써 왔다.

그러나 일반 신도들에게는 형상화된 신앙의 대상이 필요했다. 처음에는 부

밀로의 비너스

처님의 사리를 모신 불탑으로써 충족해 왔으나 차츰 부처님의 형상이 요청되게 되었다.

알렉산더의 동방 침략은 인도의 서북부에 있는 간다라 지방에까지 이르게 되었다. 그리하여 그리스 문화와 함께 그들의 조각예술도 전파되어 왔다. 필경 사랑과 미의 여신 비너스의 이념도 동반되었을 것이다.

기원 전후해서 간다라 지방에서부터 불상이 제작되기 시작했다. 불상의 조성은 불교가 전파되는 대로 아시아 전역으로 퍼져나갔다. 처음의 간다라 불상들은 다분히 그리스적인 풍모를 하고 있었다. 그러나 이것이 차츰 인도화되고 또한 중국화되어 가는 토착화 현상을 가져 왔다. 우리 나라에 전래된 것은 중국의 수와 당나라 시대의 불상양식들이다. 그러나 이것은 다시 한국화의 길을 걷게 된 것이다.

한국에 전래된 불교미술은 8세기에 조성된 석굴암에서 그 절정에 이르렀다. 이것은 단순히 "한 나라의 제작이 아니라, 실로 수와 당의 불교의 결정체요, 나아가서는 동양의 종교와 예술의 귀결이었다"(야나기 무네요시).

본존불이 있는 둥근 주실 벽에는 10대 제자와 함께 세 보살상이 조각되어 있다. 앞 벽 양편에는 문수보살과 보현보살, 그리고 본존불 바로 뒷벽에는 자비의 화신인 십일면 관세음보살이 새겨져 있다. 문수는 깨달음에 이르게 하는 지혜의 보살이고, 보현은 중생을 구하려는 행원의 보살이다. 이 두 보살은 다 같이 관음보살을 향해 서 있다. 그리고 관음은 정면에 있는 부처님의 등을 바라보고 있다. 이 세 보살은 곧 하나의 부처님을 구성하고 있는 것이다. 이 가운데서도 부처님의 본질을 드러내고 있는 것이 관세음보살이다.

석굴암의 관음보살은 사랑과 아름다움을 지닌 거룩한 처녀상이다. 그의 머리에는 십일면이 있어 세상 구석구석의 신음소리를 보고 듣는다. 중생의 모든 괴로움을 빠짐없이 제거하기 위해서이다. 그는 부처님의 등을 통해 세상을 보고 있다. 그들은 둘이 아니라 하나의 자비상이며, 사랑과 아름다움의 화신이다.

석굴암의 보살상

로마의 피에타

기독교화된 로마제국 안에서는 일체의 형상 조성이 금지되었다. 십계명에 따라 모든 형상을 우상시했기 때문이다. 따라서 그리스의 조각미술의 전통이 사라지게 되었다.

그리스 미술과 기독교 문화가 만나게 되는 것은 천여 년의 중세기를 지난 르네상스 시대에 와서이다. 교회의 억압으로부터 벗어나와 인간과 자연을 재발견함으로써 고대 그리스의 휴머니즘을 재생시키려 했다.

미술계에서는 기독교의 소재들을 형상화했다. 대표적인 작가로는 레오나르도 다빈치, 미켈란젤로, 라파엘 등이 있다. 그중에서도 풍부한 작품을 남긴 이는 미켈란젤로이다.

미켈란젤로는 1498년, 한 추기경으로부터 조각 의뢰를 받았다. 내용인즉 십자가에서 돌아가신 그리스도를 안고 앉아 있는 마리아 상의 제작이다. 그리고 당시 "로마의 어느 미술가도 만들 수 없는 가장 아름다운 작품"을 제작하라는 것이었다. 그리하여 일년 만에 완성된 것이 대리석으로 조각한 <피에타>이다. 당시 그의 나이 겨우 24세의 청년이었다. 그리고 이것은 성베드로 대성당에 안치되게 되었다.

그리스도의 형상은 "죽었으되 살아 있는 모습"이다. 근육과 혈관에는 피가 흐르고 있다. 새로운 존재로의 부활을 기다리고 있는 것이다. 그는 하나님의 아들이었고, 그의 십자가와 부활은 인류를 구원하시는 하나님의 사랑의 사건이었다. 성모 마리아는 죽은 아들을 안고 있는 것이 아니다. 하나님의 사랑을 안고 앉아 있는 것이다. 따라서 예수를 내려다보는 성모의 얼굴에는 슬픔을 넘어선 사랑이 감돌고 있다.

30여 세의 아들보다도 어머니 마리아가 더 젊게 표현되어 있다. 이것은 작가 스스로가 말했듯이 마리아는 영원히 순결한 성처녀의 아름다움을 간직한 존재이기 때문이다.

인류가 갈망하고 추구하던 "사랑과 아름다움"은 그리스의 비너스 상으로써 표현되기 시작했다. 그것은 에로스 사랑의 이상형이었다. 그러나 그것이 숭고한 자비의 사랑으로 승화된 것은 석굴암의 보살상에서이다. 자비란 존재론에 입각한 종교적 사랑이다. 이웃의 괴로움을 제거하고 즐거움을 주는 윤리적 사

로마의 피에타

랑의 아름다움을 형상화한 것이 보살상이다.

자신을 희생하여 상대방을 살리는 무조건적인 사랑이 있다. 이것이 그리스도를 통해서 나타난 하나님의 사랑이다. 이러한 아가페 사랑을 형상화한 것이 <피에타>이다. 자연스러운 인간의 사랑은 윤리적 의지의 자비로 승화되었고, 이것은 다시 자기 희생적·무조건 무제한의 창조적 사랑, 곧 아가페로 승화되어 갔다.

나는 이러한 사랑을 학생들에게 심어 주고 싶었다.

III. 한국문화와 기독교

천하제일의 비색을 지닌
청자를 만들어낸
조국(여인상)의 아름다움 뒤에는
지혜와 자비의 여신(보살)이 서 있었다.
이것이 기독교가 뿌리내릴
한국문화의 전통인 것이다.

소금, 〈미와 자비〉, 1985

한국문화와 기독교
-토착화신학 20년

    나는 일제 치하에서 태어나서 일본의 식민지 교육을 받고 자라났다. 우리는 일본의 역사와 문화를 배웠지만 우리의 역사와 문화에 대해서는 배운 일이 없다. 모르면 없는 것이 된다. 우리는 문화 없는 백성으로 자라났다. 그러나 해방을 맞이하자 우리는 비로소 한국문화에 대해 눈뜨기 시작했다.

    우리는 서양 선교사들을 통해 그들의 기독교를 전해 받았다. 그리고 그것이 기독교의 참 모습인 줄만 알았다. 그러나 서양에서 서양 문화를 보면서 그것은 서양에서 성장한 기독교라는 것을 알았다. 그리고 우리 문화가 서양 문화와는 다르다는 것도 알았다. 그리하여 문화와 복음의 관계에 대해 생각하게 되었다. 구원의 진리가 유대문화를 매개로 표현된 것이 성서요, 이것을 서구문화의 눈으로 해석한 것이 서양의 기독교이다. 서양의 기독교는 그들의 구원을 위해 적절한 종교현상이다. 그러나 문화가 다른 한국인을 구원하기에 적절한 복음이해를 위해서는 우리의 문화적 눈으로 재해석하지 않으면 아니될 것이다. 다시 말해서 복음은 한국문화에 토착화되어야 한다. 이것이 내가 서양에 잠시 머물면서 배운 것 중의 하나였다.

    토착화 신학이 형성되기 위해서는 복음의 본질 규명과 함께 그 복음이 뿌리 내릴 한국문화의 실체가 규명되어야 한다.

    이러한 방대한 과제와 씨름해 오던 것이 근 20년이나 지나갔다.

1. 문화와 복음

1) 문화의 장벽

미국감리교회는 제3세계의 지도자 양성을 위해 '십자군 장학기금'을 마련하고 해마다 장학생들을 미국에 유학시켰다. 나는 1956년도 장학생으로 선발되어 보스턴 대학에서 2년 간 공부하도록 되었다. 일제 시대에는 상상조차 할 수 없었던 일이다.

8월초에 여의도 비행장에서 프로펠러가 달린 비행기를 타고 출발했다. 내 여행 가방에는 집에서 입던 옷가지들하고 책 세 권이 들어 있었다. 성경과 노자와 영어사전이 그것이었다. 생전 처음 타보는 비행기에 처음 가는 서양이었다. 모든 것이 낯설고 서툴기만 했다. 서양의 생활 문화에 대해서도 거의 백지상태였다. 커피에 카페인이 들어 있다는 것도 모르고, 무턱대고 마시다가 불면증으로 고생하기도 했다.

워싱턴에서 두 주간의 오리엔테이션 과정을 마친 다음 기차로 보스턴에 도착했다. 9월부터 시작되는 새 학기에 맞추어 간 것이다. 신약성서를 공부하기로 했기 때문에 첫 학기부터 성서신학에 관한 과목들을 택했다. 나는 어학훈련도 받아 보지 못한 35세의 만학도였다. 우선 언어의 장벽에 부딪쳤다. 강의를 제대로 알아들을 수 없었던 나는 교수들이 준 강의안을 따라 독서를 통해 보충할 수밖에 없었다. 따라서 생전 처음으로 도서관에서 밤낮을 보내기도 했다.

다행히 과목마다 A학점을 받았다. 하지만 여전히 내 어깨는 펴지질 않았다. 성서학이라지만 원문비판에서부터 해석학에 이르기까지 그 방대한 학문체계와 연구도서들 앞에 위축될 수밖에 없었던 것이다. 또 하나 새삼스럽게 느낀 것은 경전에서부터 신학에 이르기까지 그 모든 것이 서구문화의 틀 안에서 형성되었다는 사실이다. 따라서 우리는 그들의 언어와 개념들을 통해서 성서적 진리를 이해해야만 하는 것이다.

우리를 구성하고 있는 반만 년의 한국 문화사는 아무런 관련도 없었다. 다시 말해서 우리는 문화적으로 소외된 이방인인 것이다. 일제 치하에서 민족적으로 소외되었던 우리가 이제는 다시 문화적인 소외감을 맛보아야만 했다. 과연 천지를 지으신 하나님을 신봉한다는 것이 갖는 의미는 무엇일까? 신앙이란, 절대자 안에서 우리의 모든 소외감과 열등의식을 극복하고 자유와 평화를 누리게 하는 것이 아니겠는가?

이 무렵에 내게 빛을 던져 준 글은 불트만의 "신약성서와 신화론"이었다. 문화의 상대성과 진리의 절대성을 해명해 준 글이다. 성서문학은 시대적, 문화적 제약 속에서 형성된 것이다. 당시 유대문화는 신화론적 사고의 틀 속에 있었다. 신화는 초월적 하나님의 세계를 마치 이 세상적인 것처럼 표현한다. 그러므로 성서 안에 있는 신화론적 요소들은 이것을 제거하거나 문자대로 받아들일 것이 아니라, 그 안에 들어 있는 하나님의 말씀을 듣도록 해석하지 않으면 아니 된다. 그것은 단순한 이성적 작업만이 아니라 하나님의 말씀과의 인격적 만남의 형식, 곧 실존론적 해석을 요청한다. 십자가와 부활은 객관적인 인식의 대상이 아니라, 내가 나와 이 세상에 대해서는 예수님과 함께 십자가에서 죽고 그와 더불어 부활함으로써, 새로운 존재가 된다는 실존적 동참의 대상이다. 이것을 그는 비신화화론 또는 실존론적 해석이라 했다.

역사와 문화는 상대적인 것이요, 진리를 담는 그릇이다. 우리는 외적인 그릇에 현혹될 것이 아니라, 그 안에 담긴 하나의 절대적 진리와의 만남을 모색하지 않으면 안 된다. 그 '하나'만 얻는다면 모든 문제는 해결된다(得其一而萬事畢). 우리에게 그 '하나'란 하나님이요 복음이다. 성서는 바로 이 '하나'를 계시한 문서이다.

나는 이 하나를 규명해 볼 생각에서 석사논문을 "제4복음서의 근본이념"으로 정했다. 그리고 그 내용을 요한의 복음서 기록의 목적(요한 20:31)에 따라 셋으로 요약했다.

첫째는, 예수가 곧 하나님의 아들이라는 로고스 그리스도론이다. 역사적 예

소금, 보스턴 대학
다리에서 본 대학촌

수와 신앙적 그리스도는 하나이다.

둘째는, 예수 그리스도를 "믿고 받아들임"으로써 하나님의 자녀된 특권을 누린다는 것이다(요한 1:12). 그리스도는 이렇게 말씀하신다. "그 날에는 내가 아버지 안에 있고, 너희들이 내 안에 있고, 내가 너희들 안에 있다는 것을 깨닫게 될 것이다"(요한 14:20).

셋째는, 하나님의 영원한 생명을 얻는다는 구원론이다. 하나님의 자녀요, 하나님과 하나가 된 자는 당연히 그의 생명을 소유하게 된다. 자유의 영이시요, 사랑이신 하나님의 생명을 지닌 새로운 존재가 되는 것이다. 이것이 영생이며 영생은 이미 이곳에서 시작된다.

2) 토착화 논쟁

1958년 6월초, 보스턴 대학의 학위수여식이 끝나자, 나는 다음날 귀국 길에 올랐다. 가족을 떠난 2년 간의 유학생활이 무척 긴 세월로 느껴졌다.

집에 돌아왔을 때 다섯 살 난 낙민이는 나를 기억했으나, 세 살 난 딸 혜성이는 나를 알아보지 못했다. 그도 그럴 것이 그가 태어난 지 7개월 만에 헤어졌던 것이다.

가을 학기부터 감리교신학교에서 가르치게 되었다. 신약학 교수로는 김철손과 김용옥 두 분이 있었기 때문에 나는 주로 신입생들의 교양과목을 담당했다.

한편, 서울에 도착해서부터 불트만의 《신약성서와 신화론》을 번역하기 시작했다. 신학생들에게 읽히고 싶었던 것이다. 저자에게도 이 사실을 알렸더니 이를 쾌히 승낙하는 편지와 함께 사진을 보내 주었다. 원고는 당시 한국에서 처음으로 문고판을 내기 시작한 '신양사'에 보냈다. 그리하여 9월에 《성서의 실존론적 이해》라는 제호로 출판되었다.

그런데 3천 부를 찍은 것이 놀랍게도 두어 달 만에 매진되는 기현상이 일어났다. 한국어로 번역된 불트만의 글로는 이것이 처음이었기 때문에 그만치 독자들의 관심을 끌었던 것 같다.

나의 주된 관심은 복음의 실상을 파악하는 일과 함께 이것이 어떻게 한국문화 속에서 사는 우리들에게 의미 있게 전달될 것이냐 하는 문제였다. 그리하여 "복음 전달에 있어서의 문제점에 대하여"(1958. 12), "도(道)와 로고스"(1959. 3) 등을 〈기독교사상〉에 기고하기 시작했다.

60년대에 들어서면서 나는 보다 적극적으로 한국교회는 한국교회가 되어야 한다는 생각에서 토착화론을 펴기 시작했다. 그 첫 논문이 〈감신학보〉에 실린 "복음의 토착화와 한국에서의 선교적 과제"였다(1962).

이에 대한 첫 반응을 한 이는 신약학자 전경연 박사였다. 그는 "기독교 문화는 토착화할 수 있는가?"라는 제목으로 나의 토착화론을 비판한 글을 〈신세계〉(1963. 3)에 발표했다. "그리스도교의 신앙고백은 서구의 문화와 분리될 수 없다"는 전제 하에 "더 신학적이고 신앙 내용을 잘 나타낸 서구의 표현방식을 번역하여 음미할 수밖에 없다"는 것이 그의 주장이었다.

나로서는 의외의 반응이라고 생각했다. 여기에는 토착화론에 대한 오해가 있는 듯했다. 그러므로 나는 즉각 "기독교 토착화론에 대한 이해"라는 제목으로 내 토착화론을 다시 천명하는 글을 〈기독교사상〉 4월호에 실었다.

기독교의 신앙은 하나님의 은혜에 대한 주체적인 응답이다. 이곳에는 하나님과 나 사이의 실존적인 대화가 있을 뿐이다. 서구인에게는 서구인으로서의 신앙과 이에 기초한 교회가 있듯이, 한국인에게는 한국인으로서의 신앙과 교회가 있어야 한다. 한국의 기독교는 결코 서구교회의 단순한 연장이나 모방일 수는 없는 것이다. 그런데 한국의 기독교는 아직도 선교사들이 전해 준 서양교회의 신앙 형식에만 연연하고 있다.

인류를 구원하는 복음의 사건은 유대의 종교문화를 통해 나타났다. 다시 말해서 초월적인 하나님의 말씀이 유대 민족 문화 속에 토착화함으로써 구체화된 것이다.

토착화론은 초월적인 복음의 진리가 어떻게 구체적인 문화적 현실 속에 뿌리를 내리고 그 창조적 생명력을 발휘하도록 하느냐 하는 일종의 선교론이다.

이것을 위해서는 몇 가지 학문적 과업이 선행되어야 한다.

첫째는, 복음의 본질 규명이다. 복음 자체를 정확히 파악하지 못한 토착화 시도는 혼합주의를 낳을 뿐이다.

둘째는, 한국적 문화 바탕의 파악이다. 한국문화는 복음이해의 전이해를 형성함과 동시에 복음의 씨가 성장할 토양이기 때문이다.

셋째는, 한국의 역사와 문화의 복음화 문제이다. 이것을 위해서는 먼저, 한국적 영성에 기초한 한국적 신학의 수립이 요청된다. 그 다음으로는 한국적 신앙 표현이 문제이다. 우리의 구원과 감격에 대한 한국적 표현이 요청된다. 미국인이 경험한 추수감사절의 단순한 모방으로는 우리의 가슴에 와 닿지를 않는다. 그리고 신앙공동체로서의 교회 구조의 한국화가 문제이다. 즉 내적으로는 교회 조직의 문제요, 외적으로는 교회 건축의 문제이다. 한국교회는 자신의 문화적

소금,
〈강화 성공회 성당〉

전통과 사회구조에 대한 반성 없이 미국 개신교를 모방하고 있다. 한국 건축의 전통을 따라 지은 강화의 성공회 성당은 토착화의 한 본보기가 될 것이다.

내 글을 읽은 전 박사는 다시 내 토착화론을 비판한 글을 〈기독교사상〉에 실었다. 나는 이에 대한 답변을 삼가기로 했다. 그러나 이것이 도화선이 되어 이른바 토착화 논쟁이 전개되었다. 한국 개신교 역사상 처음 있는 신학 논쟁이었다. 1963년도 한국의 신학계를 화려하게 장식한 이 논쟁에 가담한 신학자만도 10여 명에 이르렀다.

3) 미술의 토착화 - 한국화의 형성

미술은 형상으로써 내적 정신세계를 드러낸다(以形寫神). 주자학이 문화의 지배이념이었던 조선조 초기의 그림들은 한국인의 손을 빌린 중국정신의 표현이었다. 중국의 화본을 따라 중국의 이상을 그려 오고 있었다.

안평대군(1418-1453)이 꿈에 답사한 이상경은 도연명이 서술한 《도화원기》의 무릉도원이었다. 그는 안견(安堅)을 불러 자기가 꿈에서 본 도원경을 그리게 했다. 이것이 우리가 높이 평가하는 <몽유도원도>이다. 중국 시인의 개념으로 생각한 중국의 이상경을 이 곳 방안에 앉아서 그린 '상상도'이다. 이것이 조선의 화풍이었다.

그러나 18세기에 이르러 우리는 민족적 주체성에 눈뜨게 되었다. 이것은 사실에 입각해서 진리를 구하려는 실학에 힘입은 바가 크다. 그리하여 우리는 자신의 눈으로 우리의 실세계를 보게 되었다. 중국의 미가 아니라 우리 것의 아름다움을 보고 그리게 된 것이다.

중국 문화에서 벗어난 주체적 예술활동의 시작이었다. 이를 개척한 이는 겸재 정선(1676-1759)이다. 그는 우리의 산천을 답사하고 사생한 우리의 산수화를 그렸다. 상상이 아닌 참 경치, 곧 진경(眞景)을 그린 것이다.

'진경'이라는 말에는 두 가지 뜻이 들어 있다. 하나는 사실 경치 곧 실경이라는 뜻이요, 또 하나는 대상의 참 모습 곧 본질을 묘사했다는 뜻이다.

겸재의 대표적인 작품으로 <금강전도>가 있다. 그러나 이것은 결코 일만 이천 봉을 다 그렸다는 뜻의 전도(全圖)가 아니다. 금강산의 본질적인 참 모습을

겸재, 〈금강전도〉

그린 진경이라는 뜻에서의 전도이다. 그가 그림 위쪽에 적어 넣은 화제에 있듯이 "산에서 나는 뭇 향기는 동해 밖에 떠오르고, 그 쌓인 기운은 온 누리에 서렸다." 곧 금강산의 향기를 그린 것이다.

그림 위쪽에는 비로봉이 높이 솟아 있고, 오른쪽에는 기암절벽들이 만물상을 이루고, 왼쪽에는 온화한 산세가 숲을 등에 업고 있다. 중심부에는 만폭동이 있고, 내려오면서 표훈사와 장안사가 있다. 아래 끝 부분에는 장안사로 들어가는 비홍교가 있어 속세와의 다리 노릇을 하고 있다.

금강산이란 《화엄경》에 묘사된 보살들의 한 거처이다. 동쪽 바다에 있는 금강산에는 법기보살이 일만 이천 명의 권속을 거느리고 설법하고 있는 것이다.

《화엄경》의 주물은 비로자나불이다. 그는 우주를 두루 비추어 불국토를 이루게 하는 법신불이다. 그의 안에서는 불국토와 구별되는 속세가 따로 있는 것이 아니다. 비홍교는 실로 성과 속을 하나로 연결짓는 다리이다. 화엄의 세계에서는 하나가 곧 일체요, 다양한 것이 하나로 돌아간다. 이것이 금강산의 진경이다.

겸재는 금강산을 답사하며 사생했다. 그리고 이것을 재구성하여 <금강전도>를 그렸다. 금강산이 내포하고 있는 화엄의 세계를 그린 것이다. 관념적인 중국화의 연장이 아니라 한국화를 그린 것이며, 우리 나라에 토착화된 불국토를 그린 것이다.

한국화를 정립한 대가로는 단원 김홍도(1745-1805?)가 있다. 그는 앞 시대의 예술적 성과들을 이어받은 것이다. 겸재 정선의 진경산수, 공재 윤두서의 속화, 현재 심사정의 문인화들을 소화하여 새로운 한국화의 전형을 창출해 낸 것이다.

스승이었던 표암 강세황은 그의 솜씨를 두고 "무소불능의 신필"이라 했다. 산수화, 민속화, 문인화는 물론이고, 불화에서부터 도자기 그림에 이르기까지 다양한 그의 장르는 흡사 피카소를 연상케 한다.

30대의 작품인 《속화첩》에는 서민들의 생활상이 그려져 있다. 그중에도 돋보이는 것이 춤추는 <무동도>이다. 삼현육각의 장단과 가락을 타고 소년은 신명나게 춤을 추고 있다. 무동과 악사들의 얼굴에는 즐거운 미소가 가득 차 있다. 이것은 오랜 무교 문화의 전통을 이어받은 우리 얼의 표현이다. 무당의 수호신인 창부는 춤과 노래의 신이다. 이것이 바로 무동의 얼이다. 인왕산 국사당에 있는 <창부도>에서 우리는 <무동도>의 원형을 느낄 수 있다.

도화서의 화원이었던 단원은 일반 화원의 경지를 넘어서 시·서·화에 능할 뿐만 아니라 음악에도 통달한 예술인이었다. 그러므로 예술적 안목이 높았던 정조는 그를 가까이 두어 궁중의 온갖 미술작업을 맡아 보게 했었다.

말년에 접어들자 그는 자화상 <포의풍류도>를 그리고 다음과 같은 시를 적어 넣었다.

흙벽에 아름다운 창을 내고
여생을 야인으로 묻혀
시가나 읊으며 살리라.

노년에 이르자 단원은 두보의 시에 공감하여 <주상관매도>를 그리는가 하

단원, 〈무동도〉

1. 문화와 복음　91

단원, 〈포의풍류도〉

면 이렇게 시조를 읊기도 했다.

> 봄 물에 배를 띄워 가는 대로 놓았으니
> 물 아래 하늘이요, 하늘 위가 물이로다.
> 이 중에 늙은 눈에 뵈는 꽃은
> 안개 속인가 하노라.

술을 좋아하던 그의 만년은 무위 자연의 풍류에 젖어들면서 한국인의 얼이 갖는 보편성을 또한 입증했다. 토착화는 우리의 독자적인 것이면서 동시에 세계적인 것을 창출하는 작업이다.

2. 종교와 복음

1) 평신도의 특권과 책임

나는 자의반 타의반으로 안수받은 목회자가 아니라 평신도로서 사역하기로 했다. 한국교회에서는 대접받기 어려운 신분이다. 그러나 여러 가지 특권도 따랐다. 우선 교단의 눈치를 보지 않아도 되는 존재이다.

1960년 정월에는 동아시아교회협의회 주최로 홍콩에서 평신도와 청년 지도자를 위한 강습회가 열렸다. 한국에서는 박상증 씨와 박용길 씨 그리고 내가 참석했다.

우리가 모인 장소는 도풍산(道風山)이라는 곳이다. 이것은 교회협의회가 산상에 있는 절간을 하나 사서 중국의 종교문화연구소를 만들었고, 또한 집회 장소로도 사용하는 곳이다. 그리고 이곳을 도풍산이라고 한 것은 제단에 모신 삼위일체 하나님을 다음과 같이 표현했기 때문이다.

道與上帝同在　　　　도는 하나님과 함께 계시고,
道成肉身　　　　　　도가 육신이 되셨으며,
風隨意思而吹　　　　바람은 뜻한 대로 불어댄다.

주제 강사는 네덜란드의 라이덴 대학의 종교학 교수였던 선교신학자 핸드릭 크레머 박사였다. 그는 1958년에 《평신도 신학》을 간행했으며, 이번 강의에서는 그 내용을 다섯 번에 나누어서 풀이했다.

그리스도는 "이 세상의 구원"을 위해 오셔서 일하신 분이다. 따라서 그리스

소금,
〈도풍산의 성전〉

도의 몸된 교회는 자기 자신을 위해서가 아니라 이 세상을 위해 일하는 존재이다. 교회는 마땅히 이 세상에 하나님의 뜻인 자유와 평화가 실현되도록 역사해야 하는 것이며, 이것이 교회의 선교적 사명이다.

그런데 이러한 사명을 실질적으로 담당할 수 있는 이는 교역자가 아니라 평신도들이다. 그들은 교회의 구성원인 동시에 사회에서 일하고 있는 존재이기 때문이다. 교역자는 평신도들을 온전케 하여 사회에서 교회의 사명을 감당케 하는 목회자이다. 교회는 평신도들을 통해서 세계 속에 침투하고 선교와 봉사의 일을 감당하고 있는 것이다.

교회가 그 선교적 사명을 다하기 위해서는 "세계 속에서 일어나고 있는 사실들을 바로 인식해야 하며, 교회가 그 사명을 감당할 생명력을 잃었을 때에는 과감하게 개혁해야 한다." 평신도 신학은 일종의 교회혁신의 신학이기도 하다.

이 무렵에 이승만 정권은 극도로 타락해서 3월에 있었던 정·부통령 선거를 유례 없는 부정선거로 만들었다. 이에 정의를 외치고 일어선 것은 교회가 아니라 학생들이었다. 드디어 4·19혁명이 일어난 것이다.

교회는 오히려 이승만과 이기붕이 교인이라는 이유로 그들을 지지하고 있었다. 이때야말로 평신도 운동이 절실하다고 느껴 기회가 있는 대로 평신도 신학을 소개했다. 무엇보다 크레머의 《평신도 신학》을 읽힐 필요를 느껴 이를 번역 출판했다. 크레머 교수는 고맙게도 한국의 독자들을 격려하는 글을 보내왔다.

나는 갑자기 평신도 신학자로 부상된 듯했다. 세계교회협의회가 마련한 유럽의 평신도 운동 연구시찰 프로그램에 한국교회협의회는 나를 파견하기로 했다. 간 김에 계속해서 보세이 에큐메니칼연구원에서 한 학기 공부하도록 하라는 결정이었다. 나로서는 참으로 고마운 일이었다. 특히 보세이 연구원의 금년도 연구 주제가 타종교에 대한 이해였기 때문이다. 이것은 그간 내가 공부해 오던 과제였던 것이다.

1963년 5월 초에 나는 WCC 본부가 있는 제네바에 도착했다. WCC가 처음으로 시도해 본다는 이 연구시찰팀은 세 사람으로 구성되어 있었다. 남아프리카에서 온 성공회의 흑인 신부 다그라스 아도니스와 백인 신부 데일 화이트, 그리고 나였다. 흑·백·황 삼색의 인종을 대표하기나 한 듯한 구성이었다.

우리가 3개월에 걸쳐 방문한 곳은 교회가 세계로 파고드는 새로운 형태의 평신도 운동의 기관들이다. 한두 주간씩 머물면서 그들의 활동에 동참하도록 했다.

독일에서는 마인쓰 카쓰텔 근교에 있는 크리프탈의 산업선교 현장, 밭볼의 "에방케리쉬 아카데미", 도르트트문트에서 열린 "키르헨 타그" 등에 참석했다. 그 후 영국으로 건너가서 세필드의 산업선교 현장과 아이오나 커뮤니티의 공동생활에 참여했다. 다시 네덜란드로 건너와서 드리버겐에 있는 "카크 엔 벨트"(세계 속의 교회)를 시찰하고는 이탈리아 북부 산속에 있는 "아카페 센터"에서 휴식을 취했다. 그리고 제네바로 돌아오기 전에 피렌체와 로마를 관광했다.

우선 말로만 듣던 유럽을 처음으로 돌아보게 된 내 감회는 충격적이며 착잡했다. 가는 곳마다 장엄한 기독교 건물들과 미술 작품에 압도되었다. '과연 기독교 문화의 세계로구나' 하는 생각과 함께 우리 문화의 이질성을 느꼈다. 결국 기독교는 서양문화를 낳은 서양종교요, 우리는 이것을 빌려오는 것일까 하는 느낌이 들었다.

하지만 오늘의 유럽 문화는 갈릴리 문화의 연장이 아니다. 이것은 그들의 이질적인 전통문화가 그리스도를 만나 승화된 새로운 문화이다. 그러고 보면 우리 문화의 이질성은 오히려 그리스도를 받아들임으로써 승화될 또 하나의 새로운 문화의 소재가 된다고 생각했다.

한편, 교회가 세계로 파고들어 하나님의 정의와 사랑이 세상을 지배하도록 한다는 평신도 운동의 현장들을 보면서, 기독교야말로 오늘의 세계를 살리는 보편적 종교임을 재확인할 수 있었다.

연구 여행중에 나로서 감명 깊었던 것은 네덜란드에서 크레머 교수댁을 방문한 일이다. 종교사 자료들로 가득 찬 그의 서재 한 구석에는 내가 번역한 한글판《평신도 신학》도 꽂혀 있었다.

크레머는 세계교회 운동과 평신도 운동의 한 중심적 지도자이다. 그러나 그가 세계에 알려진 것은 국제선교협의회의 위촉을 받고 저술한《비기독교 세계에서의 기독교 메시지》(1938)로 인해서이다. 그는 현대 종교신학의 문을 연 종교사학자인 동시에 선교신학자이다.

H. 크레머 교수와 그의 편지

2) 큰 스승들과의 만남

제네바에서 기차로 약 30분 거리에 세리니가 있고, 그곳에 "샤투 데 보세이"가 있다. 어느 귀족이 소유했던 땅과 저택이었는데 WCC가 이것을 기증받아 에큐메니칼연구원을 설립했다. 이곳에서 각종 연구 모임이 열린다. 그러나 중심 프로그램은 제네바 대학과 연결된 대학원 과정이다. 6개월 간의 한 학기를 마치면 학위증을 준다. 대학원의 연구 주제는 해마다 바뀐다. 제12회를 맞이한 1963년도의 주제는 "기독교와 타종교와의 만남"이었다.

그해 대학원에는 24개 국에서 온 40여 명의 연구생이 모였으며, 교파만도 무려 11개에 소속된 사람들이었다. 이들이 숙식을 같이 하며, 함께 연구하고, 함께 예배한다. 말하자면 에큐메니칼 체험을 하는 것이다.

주제 강의를 담당한 이는 폴 틸리히 교수였다. 10시간에 걸친 그의 집중 강의는 보세이 생활을 무엇보다도 의미 있게 해 주었다. 우선 20세기의 한 큰 스승의 강의를 직접 들을 수 있었다는 것만으로도 하나의 기쁨이었다.

그의 강의는 기독교와 타종교와의 대화문제였다. 그가 말하는 종교의 개념은 삶의 의미에 대해 궁극적 해답을 줄 수 있는 궁극적 관심에 사로잡히는 것을 뜻한다. 따라서 공산주의와 민족지상주의는 하나의 의사종교이다. 오늘날 심각한 문제를 제기하고 있는 것은 이러한 의사종교들이다. 그들은 상대적인

소금,
〈보세이, 에큐메니컬 연구소〉

폴 틸리히 교수

것을 절대화하기 때문에 하나님의 영의 임재를 막고 있다. 성령의 임재만이 자유와 사랑의 삶을 창조해 내는 새로운 존재가 되게 할 수 있는 것이다.

하나님의 영의 임재는 기독교 안에서만 가능한 것은 아니다. 요한은 헬라적인 '로고스'를 사용함으로써 하나님의 계시의 보편성을 제시하고 있다. 또한 선한 사마리아 인의 비유는 사랑의 실천이 갖는 보편적인 종교적 원리를 제시하고 있다.

모든 것을 초월한 하나님의 의로우심은 교회까지도 심판의 대상이 되는 것이며, 모든 것을 포괄하시는 하나님의 사랑은 세속적 운동 속에서도 나타내신다. 여기에 틸리히 교수가 주장하는 기독교적 보편주의가 있다.

대학원 과정은 두 개의 논문을 내야만 한다. 내가 쓴 것 중 하나는 평신도 신학에 기초한 교회와 사회 문제였고, 또 하나는 "《이샤 우파니샤드》의 근본이념에 대한 기독교적 이해"였다. 내가 주력한 것은 후자의 논문이었다.

《이샤 우파니샤드》는 불과 18절로 구성된 인도교의 경전이다. 그러나 그 포괄적이고 심오한 내용은 《노자》나 《천부경》을 연상케 한다.

'이샤'는 주님이란 뜻이다. 그러나 '이샤'는 초월적이며 궁극적인 실재이기 때문에 하나의 개념으로 규정지을 수 없다. 어떤 때는 인격적인 '주'(Isha)라 하기도 하고, 어떤 때에는 무인격적인 '그것'(Tat), 또는 '하나'라고도 한다.

궁극적인 실재는 인격적인 동시에 초인격적이며, 내재적인 동시에 초월적이다. "이 세상은 그에게서 나왔고, 그의 안에 살고 있으며, 그에게로 돌아간다."
그러나 우파니샤드의 목적은 존재론적 철학의 전개에 있지 아니하고, 인생에게 자유와 평화와 기쁨을 얻게 하는 데 있다. 인생의 목적은 참 자아인 '이샤'를 소유함으로써 참된 자유와 즐거움을 갖는 데 있다. 그러나 사람들은 거짓 자아에 집착하여 불행한 인생을 살아가고 있는 것이다.

자기 부정으로 말미암아 그대는 마땅히 즐길지어다.

《이샤 우파니샤드》는 자기 부정을 통해 궁극적 실재와 하나가 됨으로써 죽음으로부터 자유로워지고, 주어진 삶을 적극적으로 즐기는 기쁨(Ananda)에 도달하기를 가르친다.
이것은 십자가 신앙에 의한 자기 부정과 새로운 존재로의 부활 신앙에 대한 동양적 표현이라 할 수 있겠다. 그러나 여기에는 역사적인 창조와 하나님의 구원의 구체성이 결여되어 있다는 것이 나의 견해였다.
크리스마스를 전후해서 10일 간의 휴가가 있었다. 나는 마르부르그에 있는 불트만 교수를 찾아뵙기로 하고 편지를 보냈다. 고맙게도 나흘 만에 기다린다는 회답을 받았다.

불트만 교수와 그의 편지

마르부르그 '칼빈거리' 언덕 위에 있는 불트만 교수댁을 찾은 것은 12월 23일 오후였다. 반가히 맞아주신 그의 모습은 무엇보다도 단정한 선비의 인상이었다.

대화의 중심은 자연히 보세이에서 논의되고 있는 내용들이었다. 특히 틸리히의 보편주의와 성서연구를 맡고 있는 콘체르만의 우주적 그리스도론에 대해 이야기를 나누었다.

나는 그리스도 사건의 객관적 효능이라는 의미에서도 복음의 보편성을 말할 수 있겠는가에 대해 질문했다. 곧 그리스도를 알지 못하는 동양인에게도 그리스도 사건은 구원의 능력이 될 수 있는 것이냐는 질문이었다. 그러나 교수님의 답변은 간단한 반문으로써 대치되었다.

"그리스도와의 만남이 없는 사람에게 어떻게 그가 작용할 수 있겠는가? 신비적인 객관적 작용 같은 것을 기대하고 있는가?"

교수님의 말을 듣는 순간 내 머리는 그의 논문과 책들이 번개같이 지나갔다.

이야기는 다시 불교와 하이데거로 옮겨갔다. 그는 불교와 하이데거 사이에는 공통점이 있으며, 그들에게서도 종말론적 실존으로 향할 수 있는 가능성이 있다고 했다. 그러나 거기에는 역사성이 결여되어 있다. 이성적인 추상적 초월이 있을 뿐이다. 이 세상 안에서의 초월과 삶이 없다. "대체로 살아 계신 나의 하나님이 없다는 것은 쓸쓸한 사실이 아니냐?" 회색의 인생을 행복되게 생각할 수는 없다. 이 세상 안에서 약동하는 삶의 리얼리티를 갖는 것은 그리스도 안에 나타난 살아 계신 하나님의 은총 안에서만 가능한 것이다.

이러한 그의 확고한 신앙에서 나는 새로운 불트만을 보는 것 같아 큰 기쁨을 느낄 수 있었다. 두 시간 남짓 이야기를 나누고 일어서려고 할 때, 교수님께서 책 한 권을 주셨다. 며칠 전에 나왔다는 《공관복음전승사》의 영역본이었다. 추운 날씨에도 불구하고 지팡이를 짚은 몸으로 뜰에까지 나와 전송해 주시던 그의 인자한 모습은 잊을 수 없다.

1964년 1월 17일, 보세이 연구생 일동은 칼 바르트 교수를 만나기 위해 바젤로 갔다. 이것은 해마다 있는 연례행사라고 했다. 회교도들이 성지순례를 하는 듯한 분위기였다.

살아 있는 큰 스승들을 만나본다는 것은 하나의 축복이다. 더구나 신학도로서 20세기 신학계의 거장들을 만나본다는 것은 크나큰 축복이요, 기쁨이지 않을 수 없다. 나는 유럽에 머무는 동안 하나님의 놀라운 축복을 경험했다.

3) 피에타와 관세음보살

나는 스위스로부터 귀국하자마자 한국의 종교사를 훑어보기로 했다. 그간 복음의 토착화론을 전개하기도 했지만, 막상 우리 문화의 실체인 한국종교에 대해서는 단편적인 지식 밖에 없었던 것이다.

당시로서는 한국의 종교사를 공부한다는 것이 그리 쉬운 일이 아니었다. 우선 자료를 구하기가 힘들었다. 나로서는 제한된 자료에 의존할 수밖에 없었다. 그리고 나는 하나의 관점에 서서 접근해 갔다. 곧 그리스도를 통해 계시하신 하나님의 말씀의 빛에 비추어서 한국의 종교들을 이해하고 헤아려 보려고 했던 것이다.

종교사로서나 종교신학으로서나 미숙한 줄 알면서도 일단 1965년에 《한국종교와 기독교》라는 제호로 출판했다. 당시까지만 해도 이러한 종류의 책이 없었기 때문에 많은 독자들의 관심을 끌었다.

내가 한국의 종교사 연구를 통해 얻은 것은 이러한 것이다.

천지를 창조하시고 우주를 섭리하시는 하나님은 결코 기독교라는 울타리 안에만 계실 수는 없다. 하나님은 선교사들의 뒤를 따라 한국에 비로소 들어오신 것이 아니라 태초부터 우리와 함께 계신 분이다. 그리고 그는 각종 종교들을 통해 부분적으로 말씀해 오셨다. 각 종교들로 하여금 그들 나름대로 절대자를 찾게 하시고 자유와 사랑의 삶을 모색하게 하셨던 것이다. 그런데 하나님께서는 여러 모양으로 말씀해 오시다가 마지막 날에 예수 그리스도를 통해 결정적인 말씀을 해 주셨다(히브 1:1, 2).

이것이 한국 종교사의 흐름이다. 이러한 이해를 나는 "그리스도 중심적 보편주의"라고 했다.

또 하나 내게 큰 관심을 불러일으킨 것은 한국문화의 한 중추를 이루고 있는 불교사였다. 한국의 기독교는 마땅히 불교와의 깊은 종교적 대화를 통해 차

소금, 〈속리산 법주사〉

원을 달리한 발전을 도모해야 한다. 우리는 사찰에서 교회의 모습을 볼 수 있어야 하며, 교회에서 사찰의 모습을 볼 수 있어야 한다고 생각했다.

원효는 일심의 근원으로 돌아감으로써 모든 대립과 분쟁을 화해시키려고 했으며, 성역과 속세를 자유로이 드나들면서 자비를 베풀었다. 그는 실로 기독교 이전의 그리스도인이었다고 해야 할 것이다. 또한 자비의 화신인 관세음보살은 마리아 이전의 성모상으로 이해해야 할 것이다. 물론 이것은 내 사고의 틀인 "그리스도 중심적 보편주의"의 입장에서 본 이야기이다.

이러한 종교적 보편주의의 틀을 가진 예술가가 있다. 그는 작년에 길상사의 관음상을 조각한 최종태 교수이다. 서울대 미대에서 은퇴한 최 교수는 한국가톨릭미술가협회의 회장이다. 그는 한국의 많은 성당에 마리아상들을 조각해 세운 대표적인 가톨릭 예술가이다. 그런데 법정 스님이 서울의 길상사에 세울 관세음보살상의 조소를 그에게 의뢰했던 것이다.

여기에는 최 교수와 법정 스님 사이의 공통된 종교 이해가 작용했다고 생각된다. 최 교수는 이렇게 말한다.

"땅에는 경계가 있지만 하늘에는 경계가 없습니다. 종교는 여럿이지만 진리는 하나입니다."

종교적 진리란 다름아닌 하나님의 인간에 대한 사랑이다. 그 사랑을 상징적

최종태, 〈관세음보살상〉

으로 대변하고 있는 이가 성모 마리아와 관세음보살이다. 그들은 "세상 어려움을 어루만져 감싸주는 영원한 사랑의 어머니"인 것이다.

법정 역시 길상사의 관음상 봉안식에서 이렇게 말했다.

> "성모 마리아나 관세음보살은 이름은 다르지만 대자대비하고 중생의 고통과 재난을 구제해 주는 같은 모습의 어머니입니다. 거칠고 험한 요즘 같은 세상에는 성모 마리아와 관세음보살 같은 모성적 사랑이 절실히 요청됩니다."

조각가로서의 최 교수의 갈 길을 확실하게 깨우쳐 준 것은 우리의 국보인 금동미륵반가상이었다. 미륵반가상이 가리키는 곳이 그의 영원한 꿈의 땅이라고 했다. 그런데 그곳으로 가는 길가에 꼭 있어야 할 분이 관세음보살이다. 그리하여 그는 관음상을 제작하려고 오랜 동안 준비해 왔다. 그러던 차에 법정 스님이 그 제작을 의뢰해 온 것이다. 그러므로 그는 그의 모든 생각과 바람을 관음상의 형태 속에 부어 넣었다고 했다.

최 교수가 제작한 마리아상들은 보살상을 닮았다고 한다. 그런데 그가 막상 보살상을 제작하고 보니 이것은 또한 마리아상을 닮았다는 것이 정평이다.

머리에는 연꽃잎을 상징한 삼산관을 쓰고, 왼손으로는 자비의 감로수병을 들어 가슴에 부여안고, 오른손은 모든 소원을 들어준다는 '여원인'(與願印)을 하고 있는 보살상이다. 그러나 그의 얼굴에는 깊은 슬픔에 잠긴 듯하면서도 신비로운 미소가 감돌고 있다. 이것은 신라 반가상의 미소의 재현인 동시에 로마 베드로 대성당의 피에타 성모상의 표정을 계승한 것이다.

최 교수는 한국의 전통적인 불상미에 가톨릭적인 요소를 접목시킴으로써 종교 예술을 새로운 차원으로 승화시켰다.

이것은 또한 예술을 통해 종교신학의 새로운 차원을 열어준 사건이기도 하다. 종교신학은 복음의 입장에서 타종교를 이해하고 판단하는 데 그칠 것이 아니라, 전통종교와의 만남을 통해 새로운 차원의 복음이해와 그 생명력을 발휘하게 하는 신앙의 학문이 되어야 할 것이다.

3. 무교와 한국문화

1) 우리의 마음 바탕

《한국종교와 기독교》(1965)를 낸 이후 나는 항상 하나의 과제를 지니고 다녔다. 그것은 한국인의 마음 속 깊이 자리잡고 있는 종교적 영성을 본격적으로 규명해야 한다는 일이다. 복음이 뿌리내릴 곳은 우리들의 종교적 마음 밭, 곧 영성이라고 생각했기 때문이다. 기독교의 토착화 문제 또는 한국신학의 형성 문제가 제대로 논의되기 위해서는 먼저 우리의 영성의 구조와 특성이 규명되어야만 한다. 그러나 이것은 방대한 학문적 작업이 요청되는 일이다.

나는 1962년부터 감리교신학대학에서 가르치는 일과 기독교서회 편집부장의 일을 겸임해 왔다. 하루도 여유 있는 날이 없이 한 주간을 뛰어다녀야만 했다. 이러한 속에서 본격적인 한국학을 연구한다는 것은 불가능한 일이다. 그리하여 단기간이라도 내 연구에 전념할 수 있는 기회가 있기를 꿈꾸어 왔다. 그것은 유학의 길이라고 생각했다.

국제선교협의회(I.M.C.)는 1957년 가나회의에서 제3세계의 신학교육 향상을 돕기 위해 신학교육기금(T.E.F.)을 창설했다. 1964년 연세대학교 안에 설립된 연합신학대학원은 이 기금으로 이루어진 것이다. 그리고 기독교서회는 이보다 앞서 1961년부터 T.E.F.의 원조로 신학교재 출판을 진행해 왔다. 1964년 말까지 이미 12종의 신학교재를 간행했다.

출판부장인 나는 자연히 T. E. F.와 긴밀한 관계를 가졌고, 그 책임자인 코(Shoki Coe) 박사와도 자주 만나게 되었다. 하루는 코 박사에게 내 연구계획에 대해 의논했다. 나는 동경대학에서 일년간 한국의 무교에 대해 연구할 생각이었다. 한국의 문화사와 더불어 존재해 온 우리의 무교는 우리들의 영성 또는 종교의식 형성에 결정적인 역할을 해 왔다고 판단했기 때문이다. 특히 동경대학을 택한 것은 그곳에 민속종교 연구의 세계적 학자인 호리(堀一郞) 교수가 있었기 때문이다.

코 박사의 반응은 적극적이었다. 그후 일이 급진전되어 호리 교수로부터는 연구 지도의 승낙을 받았고, 7월에는 T.E.F. 위원회에서 장학금 지급 통지가 왔다. 그러므로 1968년 9월부터 동경대학 문학부 대학원에서 공부를 시작하게 되었다.

그해 정월부터 〈기독교사상〉에 연재하기 시작한 "한국신학의 광맥" 시리즈는 이로 인해 연말까지만 쓰고 중단해야만 했다. 동경으로 떠나기 전에 3회분의 원고를 쓰느라고 진땀을 흘렸던 생각이 난다.

호리 교수를 통해 배운 것은 그의 친구인 미르치아 엘리아데의 종교현상학이다. 특히 그들의 공통관심의 대상인 샤머니즘에 대한 폭넓은 이해의 틀을 얻을 수 있었다.

동경대학에는 논문박사 과정이 있었기 때문에 나는 논문을 쓸 작정이었다. 호리 교수와 함께 작성한 논문의 윤곽은 "조선 샤머니즘의 역사 구조적 특질"이었다.

소금,
〈붉은 문과
야스다 강당〉

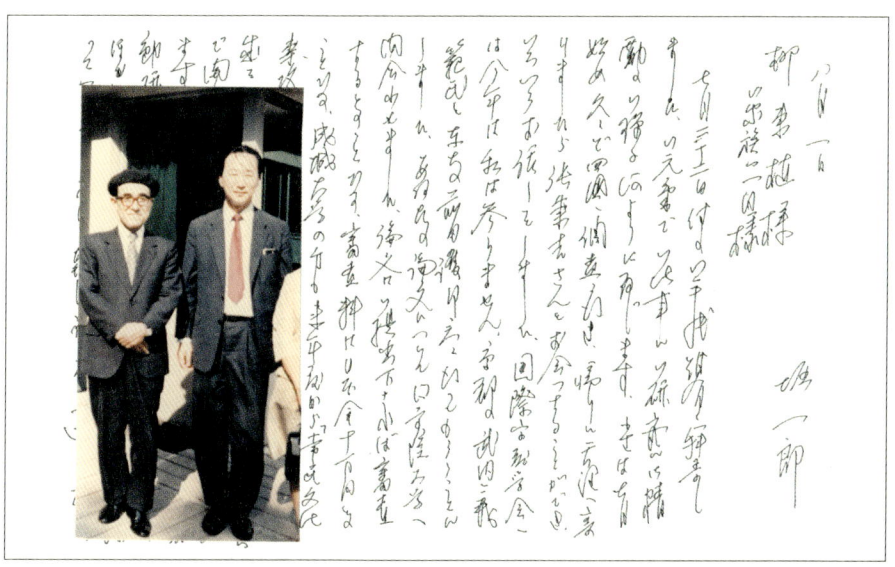
호리 교수와 그의 편지

그해 동경대학은 격렬한 학생운동에 휘말려 결국에는 학교 제도상의 변혁을 초래했다. 그중의 하나가 교수들의 정년을 60세로 한다는 것이었다. 따라서 이미 60세를 넘어선 호리 교수는 다음해에 퇴직해야만 했다. 그리고 국학원 대학의 교수로 자리를 옮겼다.

내가 문학박사 학위 청구 논문을 완성한 것은 1971년 말경이다. 논문은 자연히 지도교수가 있는 국학원 대학에 제출했다.

6개월 후에 논문심사가 있었고, 학위수여식은 1972년 9월에 있었다. 이때 마침 집사람이 셰익스피어 연구차 영국 엑세타 대학으로 가던 길이었으므로 동경에 들러서 학위수여식에 참여할 수 있었다.

조선 샤머니즘이란 "한국 무교(巫敎)"를 뜻한다. 그 원형은 고대 신화와 제천의례 속에 나타나 있다. 곧 천지의 주재신인 하느님과 인간이 하나가 됨으로써 신의 능력에 힘입어 인간의 꿈을 실현한다는 것이다. 꿈의 중심은 무병장수하고 부귀영화를 누린다는 생존적 가치로 구성되어 있다. 그리고 그 신인합일의 의례는 노래와 춤에 의한 제례의식이다. 무교란 단적으로 "가무로써 강신케 하여 소원을 성취한다는 원시종교"라고 정의할 수 있을 것이다.

고대 무교의 전승과 전개에는 세 흐름이 있어 왔다.

3. 무교와 한국문화   107

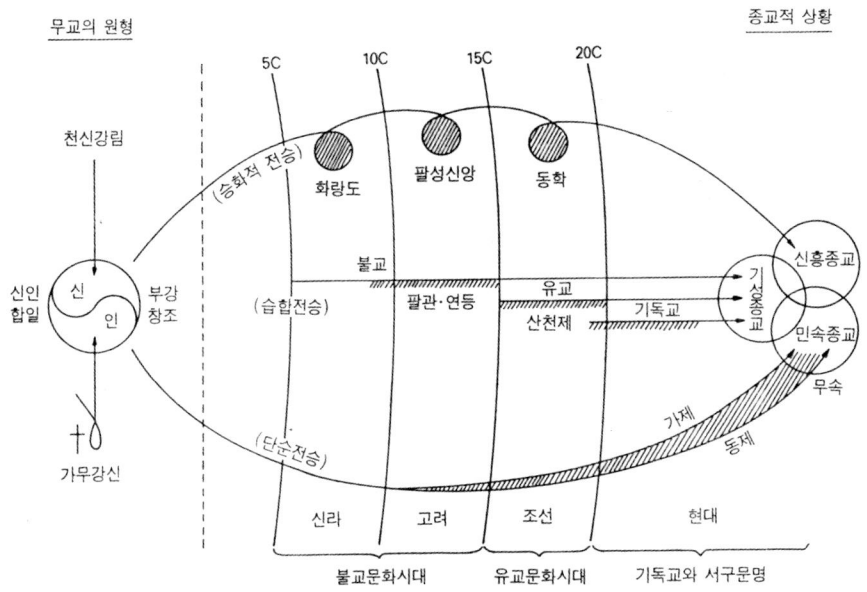

무교의 전승 유형과 한국의 종교

첫째는 단순전승이다. 외래 종교문화에 별로 영향을 받지 아니하고 옛 모습이 그대로 전승되어 가고 있다. 오늘의 민간신앙으로 알려진 무속의 흐름이 그것이다.

둘째는 종교습합적 전승이다. 대체로는 외형상 외래 종교의 형태를 유지하지만 그 안에는 무교적 요소들이 흐르고 있다. 이것은 오늘날 기성종교의 저변에서 일어나고 있는 현상이다.

셋째는 승화적 전승이다. 외래 종교를 매개로 무교가 승화되어 새로운 형태의 종교문화를 형성한다. 예컨대, 신라의 화랑도나 근세의 동학과 같은 것이다.

이러한 전개 유형을 그림으로 그려 본다면 다음과 같이 될 것이다.

샤머니즘은 동북아시아 제민족 사이에 공통된 종교현상이다. 그러나 각 민족마다 그들의 문화적 차이로 인해 그 특성을 달리하고 있다. 한국 무교의 두드러진 특징은 노래와 춤으로써 신령을 섬기는 심미적 종교성에 있다. 따라서 퉁구스나 일본의 굿이 주로 죽은 자들을 천도하기 위한 음산한 제례인 데 비해, 한국의 굿은 무악을 동반한 재수굿이나 농악을 앞세운 마을굿에서 보는 바와 같이 이승에서의 기복이 중심을 이루고 있으며, 민중의 오락을 겸한 명랑한 것이다.

여기에 한국 무교가 민중의 생활 속에 파고들어 삶을 부추겨 온 종교적 역할이 있다.

2) 무교문화론

1973년 3월부터 나는 연세대학교 교양학부의 종교주임으로 일하기 시작했다. 그것은 박대선 총장의 주선에 의한 것이다. 정확히 20년 전에도 나는 배화여고의 종교주임으로 취임했다. '종교주임'이라는 것이 나의 천직인 듯이 느껴졌다.

한 가지 새로운 경험은 내가 홀로 쓸 수 있는 교수 연구실을 갖게 된 일이다. 나는 비로소 내 연구를 위해 마음대로 쓸 수 있는 장소와 함께 여유있는 시간을 가질 수 있게 된 셈이다.

유신체제 하의 1975년은 어둡고 다사다난한 한 해였다. 민주주의란 말을 입 밖에도 내지 못하게 한 대통령 긴급조치법에 의해 학생들과 교수들이 구속

소금, 〈연세대학교〉

되는가 하면, 학원의 자율과 자유를 천명한 박 총장은 죄인으로 몰려 학교를 떠나야만 했다.

그러한 와중에서 나는 이상할 정도로 연구활동에 열을 올리고 있었다. 전년에 받은 대학원의 연구비 덕택으로 "한국 토착신앙과 민중의 불교 수용 형태"(《연세논총》)를 발표했고, 이에 힘입어 성곡재단으로부터 연구비를 받아 "한·일 불교 수용 형태의 비교 연구"에 몰두했다. 한편 나는 내 학위논문을 다시 보충해서 《한국무교의 역사와 구조》(연세대 출판부)란 제호로 간행했다. 그 책의 맺는 말에서 나는 일종의 무교문화론을 폈다.

한국문화의 깊은 암석층을 형성하고 있는 것은 불교문화이다. 그 위의 지층을 형성하고 있는 것이 유교문화이다. 그리고 지난 한 세기 남짓한 동안에 형성된 지표층이 있다. 곧 기독교를 동반한 서구문명이 그것이다. 그러므로 한국문화의 지층은 최소한 세 겹으로 되어 있는 셈이다.

그러나 한국문화는 단순히 세 겹의 문화층으로 된 둥근파가 아니다. 지구와 마찬가지로 한국문화의 심층부에는 지핵에 해당하는 무교가 있다. 그리고 이것이 외래 종교 문화들을 받아들여 문화지층을 형성해 왔던 것이다.

한편, 문화지층들은 무교의 지핵을 억압하고 배척해 왔다. 따라서 무교는 문화의 표면으로부터 사라져 가고 있다. 하지만 무교는 죽어 없어진 것이 아니

김중현, 〈굿과 무녀〉, 1941

다. 지금도 한국문화의 심층에서 여전히 그 에너지를 발휘하고 있다. 우리들의 행동 양식이나 가치체계를 적지않게 지배하고 있다. 무교의 뜨거운 열량은 여전히 민중문화 속에 간직되어 있는 것이다. 만약 이 지열이 창조적인 열량으로 전환되기만 한다면, 우리는 여기에서 새로운 문명의 창조를 꿈꿀 수도 있을 것이다.

오늘의 세계문명은 그 한계성을 드러내고 있으며, 새로운 문명이 싹트기를 기다리고 있다. 새로운 문명의 나비는 새로운 종류의 번데기에서만 나올 수 있다. 이러한 새 번데기를 무교에서 기대해 본다는 것이 무교문화론의 방향이다.

무교의 특질은 가무에 의한 제례를 통해 신화적 원초세계로 돌아가는 데 있다. 그곳은 신과 인간이, 하늘과 땅이, 삶과 죽음이 모순 없이 조화를 이루는 창조적 세계이다. 거기에서 비로소 우리는 새로운 문화의 창출을 기대할 수 있다.

기독교의 도리는 그 동안 헬라와 로마의 아폴로적인 이성과 질서를 통해 세계 구원의 역사를 도모해 왔다. 그러나 거기에서 우리는 오늘날의 서구문화가 갖는 한계성을 보게 된 것이다. 그러므로 우리는 복음의 도리를 재해석할 새로운 틀을 모색해야 한다. 그것은 디오니소스가 상징하는 자유와 황홀의 길이다. 가무강신하는 심미적 신인통합의 길이다. 곧 무교문화의 틀을 통한 복음의 재해석이다.

무교문화론은 결국 엑스타시 문화론이다. 신과 인간이 하나가 된 엑스타시 속에서 전개되는 새로운 문화이다. 삶은 거리를 두고 관망할 대상이 아니다. 삶에서 예술을 창조하는 것이 아니라 삶이 곧 예술이다. 삶을 위한 종교가 아니라 삶이 곧 종교이다. 임마누엘은 삶과 자기와의 완전한 통합을 초래한다. 그리하여 자유와 기쁨의 문화를 창조하는 새로운 세계가 전개되는 것이다.

서구 문명의 쓰레기를 먹고 통제와 경제개발을 외치며 일어선 유신독재 체제 속에서 무교 연구에 열을 올린 것은 이러한 새로운 문화에 대한 갈망 때문이었을 것이다.

이에 공감이나 한 듯이 〈한국일보〉가 제정한 출판문화상은 그해의 저작상 대상으로 내 책을 선택했다.

같은 해에 일본에서도 두 권의 책이 나왔다. 하나는 내 학위논문이 《조선의 샤머니즘》(학생사)이라는 제호로 간행되었고, 또 하나는 그간 김충일 씨가 번역해 오던 《한국종교와 기독교》(양양사)의 일어판이다.

그런데, 이 무렵에 박 정권은 비판세력을 없애기 위해 교수 재임용제라는 것을 발표했다. 명분인즉 연구 실적이 없는 무능한 교수들을 제거하는 것이라 했다. 그리하여 각 대학별로 심사위원회를 구성하고 심의를 했다. 교양학부의 교수들은 전공에 따라 각 대학으로 배정되었다. 그리고 아무도 탈락된 사람이 없었다. 그런데 유독 신과대학만은 나를 재임용 교수 명단에서 탈락시키는 웃지 못할 사건이 있었다.

3) 무교 미술과 한국화의 뿌리

미술사의 전개는 종교적 이념의 형상화 작업에서 비롯되었다. 한국의 미술사 역시 한국의 종교문화사와 그 궤도를 같이 한다. 고대의 무교 미술은 불교 미술로 이어졌고, 근세로 오면서 유교적 동양화가 전개되었으며, 현대에 와서는 기독교문화와 연계된 서구의 미술이 도입되었다. 이러한 세계의 미술사가 오늘의 한국화라는 장르를 형성하고 있다. 그러나 한국화의 뿌리를 찾는다면 그것은 역시 무교 미술일 것이다.

무교 미술의 전형적인 것은 고분 벽화나 무신도, 그리고 일부 민화에서 볼 수 있다. 그 특색은 무교적인 세계관을 담고 있으며, 생동감 넘치는 곡선과 채색으로 그려졌다는 데 있다. 그 사례를 들어본다.

고구려의 사신도

고구려의 고분 벽화에는 당시의 세계관이 표현되어 있다. 벽화의 내용은 크게 세 종류로 구별된다.

첫째는 생활풍습을 그린 그림이다. 주인공과 함께 수렵, 무용, 씨름 등을 그렸다. 사후에도 이 세상의 생활이 연속된다는 믿음의 표현이다.

둘째는 방위신인 사신도이다. 이것은 본시 중국에서 시작된 상징적인 그림이다. 묘실 주벽 동쪽에 청룡, 서쪽에 백호, 남쪽에 주작, 북쪽에 현무 등 수호신을 그리고 천정에는 황룡이나 일월성신을 그림으로써 죽은 이들이 살아갈

강서 중묘 백호도

우주를 재현하고 있다.

셋째는 인당초문이나 연화문, 그리고 비천이나 신선 등을 그림으로써 사후 세계가 극락임을 표현하고 있다.

이러한 벽화는 후기로 오면서 사신도 중심으로 간소화되어 갔다. 그러나 미술로서의 예술성은 더욱 높아갔던 것이다. 그 전형적인 예가 강서 중묘의 사신도이다. 그중에도 <백호도>가 일품이다. 하늘의 기운을 받아 힘차게 달리며, 앞발 하나를 높이 들어 적을 위압하고 있다.

그런데 중국의 용들의 발가락이 다섯 개인 것과는 달리 고구려의 청룡, 백호는 세 개씩이다. 여기에는 농경문화를 배경으로 한 중국의 오행문화와 수렵문화를 배경으로 한 한국의 무교적 삼수 문화가 각각 반영되어 있다. 무교의 세계관은 하늘과 땅과 지하라는 삼층 구조의 우주관과 천·지·인 삼재를 기초로 구성되어 있다. 하늘을 상징하는 태양신을 세 발 달린 까마귀로 표현하는 것도 같은 맥락에서다.

채색에 있어서도 흑백과 함께 천·지·인을 상징하는 홍·청·황의 삼원색을 사용한다. 이것은 오늘의 무당이나 농악대의 복장에서도 확인되는 사실이다.

3. 무교와 한국문화

천마도

무엇보다 두드러진 특색을 든다면, 그것은 전체가 역동적인 곡선으로 그려져 있다는 점일 것이다.

신라의 천마도

신라 고분에는 벽화가 거의 없다. 그대신 부장품들이 풍부하다. 천마총의 경우엔 금관, 곡옥 등 장신구와 청동기, 토기, 유리제품, 마구 등이 출토되었다. 그 중에도 마구장비인 말다래에 그린 <천마도>는 5세기경의 신라인들의 신앙과 미술의 실상을 전해 주는 귀중품이다.

갈기와 꼬리털을 바람에 휘날리며 하늘을 달리는 모습으로 그린 <천마도>는 고구려 무용총 천정에 그린 날개 달린 <천마도>와 흡사하다. 여기에서 우리는 공통된 고대 북방문화의 흐름을 볼 수 있다.

고대 한인은 북방의 기마민족인 예맥족이 주류를 이루고 있으며, 그들의 종교는 가무로써 하느님을 섬기는 원시무교였다. 이것이 남하하면서 백두대간을 사이에 두고, 서쪽으로는 고구려와 백제문화를 형성해 갔고, 동쪽으로는 신라문화를 형성해 갔다. 그런데 신라는 중국에 인접한 고구려와 백제와는 달리 백두대간에 가로막혀 중국문화를 더디 수용했다. 그만치 무교적 전통문화를 오래 간직해 왔다.

<천마도>의 내용을 말해 주는 부장품으로는 금관이 있다. 금관에 달린 날

출(出) 자 모양의 생명나무와 사슴뿔 모양의 장식은 시베리아 샤먼의 관을 닮고 있다. 본시 남해왕 차차웅이 무당이었다는 기록 등으로 보아 이것은 무교문화가 남긴 작품들이다.

<천마도>는 무당이 굿을 통해 영적 하늘 세계를 왕래하는 데 필요한 말의 그림이며, 죽은이들이 또한 저승으로 날아가는 데 필요한 천마의 그림이다.

<천마도> 역시 <백호도>와 마찬가지로 하늘의 기운을 타고 날아가고 있다. 그 모습에는 무교적인 생동감이 넘쳐 있다. 여기에서 우리는 역동적이며 창조적인 신라의 곡선을 볼 수 있다.

창부도

중국문화의 기준으로 보아 후진국이었던 신라는 선진 중국문화를 그대로 수용하려 하지 아니했다. 6세기에 이르러 진흥왕은 대륙문화를 매개로 전통문화를 승화시킴으로써 주체적인 민족문화를 구축해 나갔다. 그것은 화랑제도를 설치하고, 민족의 얼인 풍류도를 왕성하게 함양하는 것으로써 시작되었다.

한편, 고대 원시종교로서의 무교는 민중들의 신앙형태로 전승되어 왔다. 이것이 흔히 말하는 무속이요, 샤머니즘이다. 가무강신하고 소원성취한다는 종교적 구조를 가지고 있다. 여기에서 중요한 자리를 차지하고 있는 존재가 노래와

창부도

3. 무교와 한국문화

춤으로써 신령들과 교제하는 무당이다.

　무당은 노래와 춤을 전문으로 하는 종교적 예술가이다. 그들이야말로 최초의 직업적 예술가였다. 이러한 무당의 수호신으로 되어 있는 것이 광대신인 창부이다. 창부는 말하자면 한국의 예술신이다.

　무교의 신상은 전통적으로 그림으로써 표현한다. 현실을 뜻하는 삼차원의 입체적 신상을 만들지 아니하고 이차원적인 그림을 사용한다. 그것은 동방교회가 성상으로 이콘을 사용하는 것과도 같다.

　무신도의 사용 역사는 이미 오래다. 12세기 이규보의 시문 속에도 무당들이 신당을 차린 다음 제석신이나 칠성신 등을 그려 놓고 굿을 하는 광경이 묘사되어 있다(노무편).

　오늘날 한국의 대표적인 굿당으로 남아 있는 것은 인왕산 중턱에 있는 국사당이다. 그 곳에는 10여 폭의 무신도들이 걸려 있는데, 그 중 예술적으로 뛰어난 그림은 역시 <창부도>이다. 도포를 입고 빛갓을 쓴 창부가 피리를 불며 멋드러지게 춤을 추고 있다. 피리 하나만 빼고는 전체가 율동적인 곡선으로 그려져 있다. 그 생동감은 <천마도>나 <백호도>를 연상케 하며, 청·홍·황색과 흑백의 조화는 더욱더 고분 벽화의 전통을 실감케 한다.

IV. 풍류신학으로의 여로

농사와 제사와 가무가 하나로 어우러진 곳에
농악이 있다.
인생과 종교와 예술이 하나로 어우러진 곳에
풍류가 있다.
이것이 한국문화의 얼인
풍류도의 속성이다.
한국신학은 풍류도에 접목된
복음의 전개를 꿈꾸고 있다.

소금, 〈농악〉, 2002

풍류신학으로의 여로
-풍류신학 20년

 하늘에 고향을 가진 하늘 나그네의 삶을 신학적으로 규명해가는 것을 나그네 신학이라고 한다면, 나의 신학적 작업은 나그네 신학에서 출발했다.

 풍류는 나그네의 미의식이다.

 나그네의 길이 비록 고달프고 처량하다고 할지라도 나그네는 그 속에서 풍류를 발견한다. 보다 적극적으로는 풍류를 만들어 가는 것이다. 나그네에겐 풍류가 있어 즐겁고 아름답다. 이것을 규명해 가는 것이 풍류신학의 한 과제이다.

 고운 최치원은 한국인의 영성을 불러 '풍류도'라고 했다. 풍류도는 유·불·선 삼교를 포함한 종교적 영성이며, 뭇사람을 교화하는 윤리적 영성이다. 그보다도 본질적인 것은 창조적 예술혼이다. 모든 역경 속에서도 아름다움을 창조해 내는 영성이다.

 한민족의 역사는 예로부터 고달픈 길을 걸어 왔다. 그럼에도 불구하고 한인들이 긍지를 가지고 살아 올 수 있었던 것은 우리들의 빛나는 종교-예술적 문화를 창조해 온 풍류도 때문이다.

 풍류신학은 이러한 풍류도에 접목된 복음의 전개를 모색하는 신학이다. 풍류신학은 한국인의 영성과 한국문화에 토착화된 한국의 신학이다.

 나는 우리 문화에 토착화된 한국신학을 모색해 왔다. 그리고 도달한 것이 풍류신학이다. 말하지면 나의 신학역정은 풍류신학으로의 여로였다.

1. 풍류도와 한국사상

1) 풍류 반 연구 반

1979년이면 내가 연세대학에서 근무한 지 7년이 되는 해이다. 안식년을 얻을 수 있게 된다. 완전히 제도화된 것은 아니었지만 외국의 대학에서 연구하거나 가르칠 경우에는 1년 간 나가서 지낼 수 있게 되어 있었다.

그간 나는 동경에 있는 국제기독교대학(ICU)의 다께다(武田淸子) 교수의 초청으로 몇 차례 국제세미나에 참석한 일이 있었다. 주로 아시아의 사회 변동과 종교에 관한 문제들이었다.

소금, 〈ICU의 숲〉, 1980

동경 교외의 아름다운 숲속에 자리 잡고 있는 ICU에서 지내 볼 생각이 나서 다께다 교수에게 편지를 냈다. 그는 곧 환영한다는 답장을 보내 왔다. 한국 사상사를 두 학기 강의해 주면 좋겠다는 내용이었다. 그의 전공이 일본 사상사였기 때문에 한국 사상사에 대해서도 큰 관심을 가지고 있었다.

ICU는 3학기 제도를 실시하고 있었기 때문에 나는 1979년 12월부터 1980년 6월말까지의 두 학기를 택했다. 가을 학기는 유럽에서 지낼 생각이었다. 우선 영국에 있는 정은과 함께 유럽을 여행하고 싶었던 것이다.

정은은 다시 간 엑세타 대학에서 1년 반 동안 연구생활을 마치고 돌아오게 되어 있었다. 정은과 나는 각각 세 차례씩 유학생활을 했다. 모두 합치면 9년이나 된다. 그런데 당시로서는 부부가 함께 해외로 나가는 것을 정부가 허락하지 않았기 때문에 우리는 한 번도 함께 외국 여행을 한 일이 없었던 것이다.

그간 민속학 관계로 친분이 있는 함부르크 민속박물관의 동양부장인 프룬너(G. Prunner) 박사와 의논한 결과, 독일국제문화교류기금(DAAD)에 연구계획서를 내기로 했다. 내 연구과제는 독일에 간 한국의 광부와 간호원들의 문화적응 문제, 특히 그들의 종교적 변화에 대한 조사연구였다. 1979년이면 그들이 독일로 간 지 꼭 10년이 되는 해였다. 연구기간은 3개월로 하고 함부르크 대학에서 지내도록 한다는 계획서였다.

얼마 후에 DAAD로부터 연구비 지급 결정 통지가 왔다. 이 과정에는 프룬너 박사의 적극적인 지원이 있었다. 그리하여 1979년 9월부터 11월까지는 함부르크에서 지내기로 했다.

7월초에 방학이 되자마자 나는 영국으로 떠났다. 정은과 여행하기 위해서다. 우리는 우선 영국을 순회한 다음 유럽 대륙으로 건너왔다. 목표는 이탈리아에서 서구문화의 뿌리를 보자는데 있었다.

기차로 밀라노에 도착한 우리는 다음날 산타마리아 데레 그라지 수도원을 찾아갔다. 레오나르도 다빈치의 <최후의 만찬>을 보기 위해서였다. 벽화는 우리를 감탄과 함께 명상의 세계로 이끌어 갔다. 2차 세계대전 중에 폭격으로 사원이 모두 파괴되었지만, 이 그림이 있는 벽만은 기적적으로 남아 있었다는 말에 다시 감탄했다. 교회 건물은 부서지더라도 혼이 담긴 예술작품만은 보존하시는 하나님의 섭리를 이해할 수 있는 것 같았다.

다음날은 베네치아로 갔다. 그림에서만 보던 수상 도시 베네치아의 아름다움에 매료되었다. 며칠 머무는 동안에 나는 그림을 그리고 싶은 충동에 사로잡혔다. 그리하여 화방을 찾아 그림 물감과 캔버스 몇 장을 사들고 나섰다.

나는 얼마 전부터 온양에 있는 친구 양준호 씨의 권유로 30여 년 만에 다시 그림을 그리기 시작했다. 그러나 내 솜씨는 결코 거리에 화판을 펴놓고 오가는 사람들 틈에서 그림을 그릴 만치 능숙한 것이 아니었다. 하지만 베네치아

레오나르도 다 빈치, 〈최후의 만찬〉

소금,
〈베네치아의 수로〉,
1979

의 풍경은 나로 하여금 그림을 그리도록 강요했던 것이다.

다소 한적한 곳을 찾아 캔버스를 비스듬히 세워놓고 그리기 시작했다. 레오나르도 다빈치, 미켈란젤로, 라파엘의 나라 이탈리아의 한복판에서 단군의 후손이 물감을 휘젓고 있는 모습을 생각해보면 나 자신이 우습기도 하고 대견하게도 생각되었다.

며칠 후에 베로나를 지나 르네상스의 발상지 피렌체로 갔다. 단테의 생가라는 곳을 보고, 그가 베아트리체를 만났다는 다리로 갔다. 그곳에서 나는 또 그림판을 펼쳐 놓았다. 단테와 미켈란젤로가 마시던 공기를 나도 호흡해 보고 싶었던 것이다.

우리는 다시 로마로 내려갔다. 도시 전체가 로마 문명의 박물관이다. 실은 이탈리아 전체가 거대한 박물관과 같이 느껴졌다.

내가 로마에 들른 것은 이것이 세 번째이다. 그러나 정은과 함께 서서히 돌아보는 이탈리아는 모든 것이 새롭게 느껴졌다. 콜로세움이 있는 옛터에서 그림을 그렸다. 이제는 마치 화가가 된 기분으로 가는 곳마다 그림판을 펴놓았다.

내 그림은 내가 보기에도 서툴고 유치하기만 했다. 하지만 그것은 상관없는 일이다. 그림은 그리는 즐거움 때문에 그리는 것뿐이다. 정은과 함께 세계를 유람하는 것 그 자체가 한 폭의 그림이요 즐거움이라고 생각했다. 그러나 나는 그 속에서 다시 창작활동을 함으로써 예술적인 기쁨, 곧 풍류를 맛보고 싶었던 것이다.

꿈같이 느껴지는 두 달 간의 풍류생활도 어느덧 지나갔다. 우리는 히슬로 공항에서 다시 헤어져야만 했다. 정은은 어린 아들과 딸이 기다리고 있는 서울로 향했고, 나는 함부르크로 향했다.

공항에는 프룬너 박사가 나와 있었다. 숙소는 함부르크 대학 영빈관이었고, 연구실은 박물관에 준비되어 있었다. 이것은 모두 프룬너 박사의 배려에 의한 것이었다.

내 연구과제를 수행하기 위해서는 독일 각처에 있는 한인들을 찾아다녀야만 했다. 낯선 독일에서 내가 할 수 있었던 방법은 그곳에 있는 한인교회들을 통하는 길이다. 다행히 함부르크에는 박명철 목사가 목회하는 한인교회가 있었

단테와 베아트리체와의 만남

소금, 〈함부르크의 성 미카엘 성당〉

고, 프랑크푸르트에는 손규태 목사가 공부하며 목회하고 있었고, 두이스부르크에는 장성환 목사가 한인 광부들을 대상으로 목회하고 있었다. 그리고 베를린에는 정하은 박사가 한국문화원을 경영하면서 목회하고 있었다.

나는 함부르크를 중심으로 세 도시를 드나들면서 한인들과 접촉하며 그들의 문화적응 상황을 조사했다. 이 네 분 목사님들의 적극적인 협조와 따스한 우정에 힘입어 무난히 연구 보고서를 제출할 수 있었다.

독일에서의 3개월 역시 많은 즐거움과 추억을 안겨 주었다. 가는 곳마다 그림도 그렸다. 다만 한 가지 충격적인 것은 10·26 사태의 뉴스였다. 하지만 한편으로는 민주화의 희망을 안겨 준 뉴스이기도 했다. 그러나 이것은 12·12 사태로 다시 무산되고 말았다.

2) 풍류도와 한국문화

12월초에 동경으로 갔다. 공항에는 다께다 교수가 보낸 대학원생이 나와 있었다. 앞으로 내 조교로 일할 학생이다. 그는 나를 숲속에 있는 대학 영빈관까지 택시로 안내했다.

숙소에는 서울에서 미리 보냈던 책 뭉치들이 쌓여 있었다. 나는 여기에서 두 학기 동안 한국 사상사를 강의하면서 조용히 지낼 수 있게 되었다. 객원교수이기 때문에 행정적인 잡무도 없다. 내 평생 이토록 여유 있는 시간을 갖는 것은 처음 있는 일이었다.

나는 20여 명의 일본 학생들을 대상으로 매주 3시간씩 강의했다. 적당한 교재가 없었기 때문에 매주 강의 요약을 준비해서 나누어 주었다.

한 민족 문화 속에 흐르고 있는 사상사는 그 민족의 얼 또는 영성의 자기 전개사라고 생각했다. 그러므로 우선 다루어야 할 과제는 한국인의 얼을 규명하는 일이었다.

단재 신채호는 "화랑의 역사를 모르고 조선사를 말하는 것은 골을 빼고 그 사람의 정신을 찾음과 같다"고 했다. 그가 말하는 "화랑"이란 정신으로서의 화랑도를 뜻하기도 한다. 이것을 진흥왕은 풍월도라 했고, 후에 고운 최치원은 풍류도라고 했다.

고운은 난랑이라는 화랑의 비문을 적는 가운데 이런 말을 남겼다.

> 우리 나라에는 깊고 오묘한 도가 있는데 이것을 풍류라고 한다. … 이는 실로 삼교(유·불·선)를 포함한 것이요, 뭇 사람들을 교화하여 사람되게 한다(《삼국사기》).

화랑이란 풍류도를 지닌 청년이다. 그들의 교육과정은 도의로써 인생을 터득케 하고, 노래와 춤으로써 서로 즐기게 했으며, 명산대천을 찾아 노닐게 했다. 곧 인생과 예술과 자연이 혼연일체가 된 가운데서 풍류도를 터득하게 했던 것이다. 풍류란 우리말로는 '멋'이다. 멋은 한국적인 아름다움의 대명사이다.

풍류도에는 유·불·선 삼교가 추구하던 종교적 이상이 다 들어 있다고 했다. 충효와 선행, 그리고 사심 없는 무위자연(無爲自然)의 덕을 지니게 한다. 이러한 포월적인 양상을 우리말로는 '한'이라고 한다. '한'이란 하나인 동시에 일체를 뜻하는 말이며, 크다던가 높다는 뜻을 가지고 있다.

풍류도는 만인을 인간화한다고 했다. 얼이란 인격을 통어하며 사람으로 하여금 사람되게 하는 인간의 혼이다. 우리로 하여금 우리되게 하는 민족적 얼이 곧 풍류도이다. 그러므로 한국인이 추구하는 이상적인 삶은 풍류도인이 되는 것이며 그것은 곧 "한 멋진 삶"을 성취하는 데 있는 것이다.

민족적 꿈의 성취를 위한 공동노력이 민족문화를 형성한다. 단적으로 말한다면 한국 문화사는 풍류문화의 형성 과정사이다.

민족의 꿈이 오랜 생활문화사를 통해 우리의 무의식층에 침전되어 집단무의식층을 형성한다. 이것이 인간에게 보편적인 영성, 곧 종교의식과 결합함으로써 민족 고유의 영성을 형성한다. 풍류도는 우리 민족 고유의 영성이요 민족적 얼이다.

한국 문화사는 시대를 따라 종교를 달리하면서 그 양상을 달리해 왔다. 고대에는 무교가, 중세에는 불교가, 근세에는 유교가, 그리고 현대에 와서는 서구 문명을 동반한 기독교가 각각 한국 문화 형성의 주역을 담당해 왔다. 그러나 거기에는 일관된 문화적 특성이 있다. 곧 풍류도적 특성이 그것이다.

첫째, 포월적(包越的)인 '한'의 성격이다. 이것은 특히 종교사상에서 드러난다. 화엄사상이 한국 불교사상의 대통을 이루어 왔고, 성리학이 한국 유교사상을 이끌어 온 사실들이 그것이다.

둘째, 인간화를 추구하는 '삶'의 성격이다. 삶이란 사람의 준말이다. 예로부터 군자의 나라로 칭송받아 온 것은 풍류도인이 되기를 추구해 왔기 때문이다. 또한 삶의 근저에는 생명력이 있다. 한국은 언제나 고난 속에 있으면서도 그 고난을 매개로 자기 승화의 길을 모색해 왔다.

셋째, 예술적인 '멋'의 성격이다. 한국 문화의 긍지는 정치 경제에 있는 것이 아니라 우리의 예술 문화에 있다. 고대의 불교 미술, 중세의 도자기와 한글, 그리고 현대의 음악과 미술 등이 단적으로 이것을 말해 주고 있다.

한국 문화의 꿈은 예술적 풍류문화의 실현에 있다. 그리고 이것을 뒷받침해 주는 것이 한국의 종교들이다. 그중에도 기독교는 그 역사적 위치로 보아 멋진

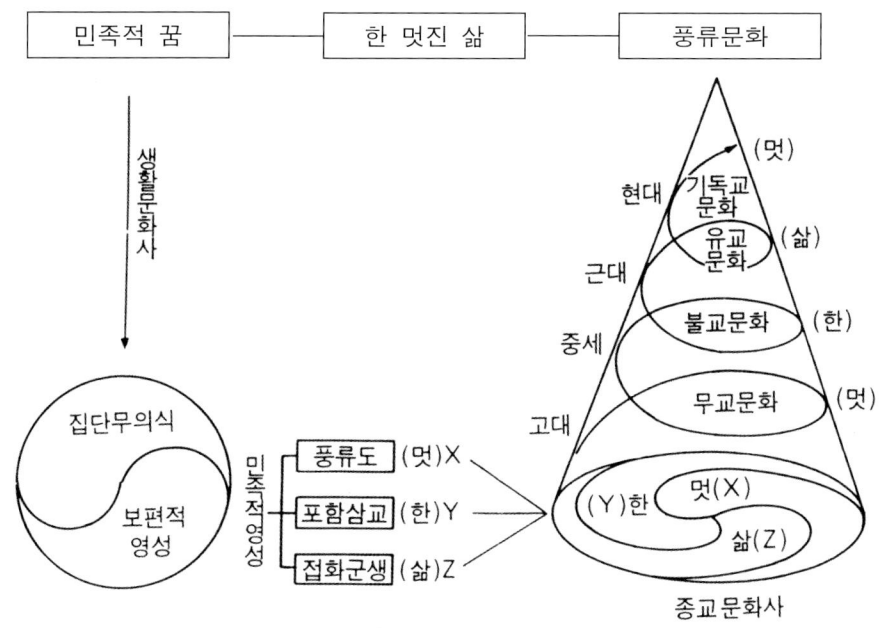

풍류도와 한국문화의 전개

풍류문화 형성에 공헌해야 할 사명을 지니고 있는 것이다.

풍류도와 한국문화의 전개를 도표화해 본다면 다음과 같이 될 것이다.

3) 한국사상의 징검다리

사상사의 자료는 총체적인 문화사가 되어야 할 것이다. 그러나 내가 다룰 수 있었던 것은 문화의 실체인 종교의 사상사였다.

실은 한국의 종교 사상사만도 방대한 것이다. 그것은 동서를 망라한 세계의 종교들로써 구성된 것이었기 때문이다. 그러므로 나는 한국의 종교사상을 조감하고 역사적으로 접근할 수 있는 거점이 될 징검다리를 놓아 보도록 했다. 그리고 그것은 풍류도의 구조를 따라 세 개의 초석으로 구성되었다. 곧 원효의 '한' 과 율곡의 '멋' 과 다산의 '삶' 이 그것이다.

원효의 '한' 사상

화랑 출신으로 알려진 원효는 누구보다도 풍류도에 투철한 인물이었다. 그는 언제나 포함삼교하는 '한'의 자리에 서 있었다. 삼교에 정통하여 만인의 칭송을 받았던 그는(《송고승전》) 불교의 모든 종파를 융합하여 '한' 불교를 형성하였다.

다양한 불교사상을 하나의 진리로써 통합한 사람으로는 인도의 용수와 중국의 지의, 그리고 한국의 원효가 있다. 용수는 금강경의 공(空) 이념에 입각하여 여러 주장들을 통합함으로써 대승불교를 대성하였으며, 지의는 법화경에 의해 삼승을 일승으로 통일하였고(會三歸一), 원효는 화엄경의 일심(一心)론에 입각하여 모든 종파에 회통하는 '한' 불교를 대성하였다.

원효의 사상을 집약할 수 있는 그의 《금강삼매경론》에서 그는 경의 대의를 이런 말로써 시작하였다.

> 무릇 一心의 근원은 有와 無를 떠나 홀로 청정하고
> (夫一心之源 離有無而獨淨)
> 三空의 바다는 眞과 俗을 원융하여 넉넉하고 고요하다
> (三空之海 融眞俗而湛然)

원효는 유식계의 일심(一心)과 반야계의 삼공(三空)의 세계를 하나로 융합하였다. 일심은 근원적인 샘이요, 삼공은 그 샘이 흘러 만든 바다이다. 일심은 체(體)요 삼공은 용(用)이다.

일심은 '한' 마음이다. 일체를 초월하고, 일체의 존재 근거이며, 또한 일체를 포용하는 포월적 마음이다. 이것이 만인 속에 있는 불성이요, 여래장이다. 이 일심의 근원은 다름 아닌 '한' 님 곧 '하나' 님이다. 그는 "만유 위에 계시고, 만유를 통해 계시며, 만유 안에 계시는" 궁극적 실재이다(에베 4:6). 실로 일심의 근원인 한님은 있고 없음을 떠나 홀로 청정하시다.

공은 연기법에서 본 현상계(色)의 실태요, 존재양식이다. 색은 인연으로 인해 서로 의존하여 있을 뿐이고, 그 자체가 영원한 실체는 아니다. 그리고 인연을 맺게 하는 이는 '한' 님이다. 그러므로 한님의 자리에서 볼 때 우주는 삼공

의 바다이다. 그 바다 안에 진과 속이, 색과 공이 하나로 어우러져 있는 것이다. 색은 공에 즉(卽)하여 있고, 공은 색에 즉하여 있다. 그러므로 색은 있는 그대로 공이요, 공은 그대로가 색이다. 따라서 삼공의 바다에서는 파함이 없으되 또한 파하지 않음이 없다. 모든 것은 제각기 자기의 자리를 차지함으로써 넉넉하고 고요하다.

이것이 포함삼교하는 마음이며, 여기에 무한 포용과 자비의 세계가 전개된다.

율곡의 '멋' 사상

원효의 높은 봉우리 위에 서면 한국 불교의 전모가 보이듯이, 율곡의 봉우리 위에 선다면 한국 유교의 전모가 보일 것이다. 그 까닭은 원효도 율곡도 풍류도에 산 사람이라는 것과 한국의 종교사는 결국 풍류도의 전개사라는 데 있다.

유교의 구조는 수기치인(修己治人)으로 집약된다. 수기는 내적 자기 수양이요, 치인은 세상을 다스리는 일이다. 이 두 가지가 조화를 이루는 것이 중용이요, 유교의 이상이다. 그렇기 때문에 율곡이 존경한 이는 수기에 전념한 퇴계와 유교적 이상을 실현하려던 조광조였다.

그러나 율곡에게는 또 하나의 친애하는 인물이 있었다. 곧 매월당 김시습이 그분이다. 매월당은 유·불·선 삼교에 자유로이 드나드는 풍류객이었다. 율곡은 《김시습전》을 쓰리만치 매월당에게서 자신의 이상을 볼 수 있었던 것이다.

율곡이 풍류를 배운 첫 스승은 그의 어머니 신사임당이다. 그는 한국 최초의 여류 화가였다. 그러던 모친을 여의고 실의에 빠지자 율곡은 금강산에 입산하여 불도를 닦았다. 그러나 그는 다시 하산하여 유교에 몸을 담았다. 그 무렵에 다음과 같은 시를

사임당, 〈꽃과 나비〉

1. 풍류도와 한국사상　131

남겼다.

도를 배움은 곧 집착 없으매라	學道卽無著
인연 따라 이른 곳에서 노닐 뿐이네	隨緣到處遊
잠시 청학동(도교)을 사직하고	暫辭靑鶴洞
백구주(유교)에 와서 구경하노라	來玩白鷗州
내 신세는 천리 구름 속에 있고	身世雲千里
천지는 바다 한 모퉁이에 있네	乾坤海一頭
초당에 하룻밤 묵어가는데	草堂聊寄宿
매화에 달이 걸렸으니 이것이 풍류로다	梅月是風流

풍류도를 배웠으면 집착이 없어진다. '한'의 자리에 선 것이다. 다만 인연 따라 불도를 닦기도 하고, 도덕경을 재편하면서 주석을 달아 보기도 했다. 그가 평생 몸담았던 유교에 대해서도 거기에 매이지 아니했다. 종교라는 벽에 걸림 없이 인연 따라 진리를 탐구하며 살아왔던 것이다.

율곡은 천리를 나는 구름처럼 자유로웠고, 그의 눈에 비친 천지는 바닷가의 한낱 조약돌에 불과했다. 인생이란 하룻밤 묵어 가는 나그네인데, 매화나무에 달이 걸렸으니 이것이 풍류가 아니겠는가? 여기에 멋을 지닌 풍류객 율곡의 모습이 있다.

율곡은 퇴계와 함께 이기론을 발전시킨 성리학자였다. 그러나 그는 회색빛 나는 종교적 시비로써 세월을 보내려 하지 아니하고, 천지에 가득 찬 푸른 생명을 숨쉬며 멋진 삶을 실현해 보기 위해 관료생활에 몸을 바치기도 했다. 여기에 포월적인 한과 현실적인 조화를 꿈꾼 율곡의 멋의 세계가 있다.

다산의 '삶' 사상

한국의 유학은 두 줄기의 학통을 형성했다. 하나는 조선조 전반기를 지배해 온 성리학의 도학파요, 또 하나는 후반기를 지배해 온 실학파이다. 성리학은 퇴계와 율곡에 이르러 그 대성을 보았고, 실학은 다산 정약용에 이르러 그 대성을 이루었다.

율곡을 모르고는 조선조 전반의 사상을 논할 수 없을 것이며, 다산을 모르고는 조선 근세의 사상을 논할 수 없을 것이다.

천주교인이었던 다산은 신유사옥(1801)에 연루되어 강진으로 유배되었고, 거기에서 19년 간이나 지내면서 방대한 저서들을 남겼다. 다산은 자신의 업적에 대해 "육경 사서로써 수기(修己)하고 일표(《경세유표》) 이서(《목민심서》, 《흠흠신서》)로써 천하 국가를 위하니 본말을 갖추었다"고 만족해했다. 말하자면 수기치인의 유교적 학문체계를 완성한 것이다.

그러나 다산은 관념론적인 성리학에 매이지 아니하고, 사실에 입각하여 진리를 탐구하려는 실학의 입장을 취했다. 그의 경전 해석은 고증학적이었다. 그리하여 주자가 아닌 공자의 원시 유교의 진면목을 규명함으로써 실학을 확립하였다.

그의 관심은 자신의 수기에 못지않게 시대적 현실의 개혁에 있었고, 그의 학문은 사회적 실용을 위한 것이었다. 곧 사람으로 하여금 사람되게 하는 인간화를 지향한 '삶'의 사상에 집중되었다.

이러한 '삶'의 사상에 눈을 뜨게 한 것은 서학의 과학적 사고와 서교의 구세 이념이었다. 그는 비록 유교 철학을 서술했지만, 그 배후에는 기독교적 이념

다산,
〈산수도〉

1. 풍류도와 한국사상 133

이 작용하고 있었다. 말하자면 서교적 유교 해석이었다.

그 한 예가 천(天) 사상이다. 다산은 공자가 '천명'이라 할 때의 하늘(天)은 천지만물을 창조하고, 주재하시는 인격적 하나님을 뜻한다고 이해했다. "주자는 성(性)을 이(理)로 생각했기 때문에 드디어 천명을 '이'로 여긴 것이다." "옛 시에 '두려운 천명이여, 때로 보호해 주신다'고 하였는데, 만일 '두려운 마음의 이(理)여, 때로 보호해 주신다'고 한다면 어찌 그 뜻이 통하겠는가?" 도대체 '이'라는 개념은 경전의 훈고적 근거가 없는 것이라고 비판했다(《맹자경의》).

그의 주된 관심은 수기론과 함께 경세론에 있었다. 그는 《목민심서》 서문에서 이런 말을 썼다.

> 멀리 떨어진 변방에서 궁하게 살아온 것이 18년이나 된다. 그 동안 나는 오경과 사서를 되풀이 연구하여 자신의 몸을 수양하고 학문을 닦았다. 그러나 학문이란 수신과 치민(治民)으로 이루어진 것이기에 나는 반만을 배우게 된 셈이다. 백성을 다스리는 것은 백성을 기르는 것이다. 그렇다면 군자의 배움은 자신의 수양이 반이고 목민이 반인 것이다.

그런데 귀양살이하는 다산으로서는 목민을 실행할 길이 없어 마음의 글(心書)을 적어 자신의 덕을 기르려고 했다. "지금의 목민관들은 오직 사리를 취하는데 급급하고 백성을 기를 줄을 모른다." 그리하여 다산은 목민관들이 지켜야 할 일들을 조목조목 설명하는 12편의 글을 썼다. 그리고 그 이름을 《목민심서》라고 했다.

그는 또한 《경세유표》를 적어 정치 제도의 개혁을 논했고, 《흠흠신서》를 적어 재판과 옥사의 도덕적 원리와 공정성을 논했다. 이것은 모두 실학사상의 사회적·정치적 구현을 목적으로 한 글들이었다. 여기에 그의 '삶'의 사상이 있다.

두 학기에 걸쳐 내가 일본 학생들에게 가르칠 수 있었던 것은 한국인의 얼인 풍류도와 그 전개인 한국사상을 조감할 수 있는 징검다리였다.

2. 풍류신학으로의 여로

1) 《한국신학의 광맥》

　가르치면서 배운다고 한다. 나는 국제기독교대학(ICU)에서 한국 사상사를 가르치면서 한국 종교사상사의 구조를 정리할 수 있었다.
　한국의 신학사상사 역시 한국 사상사의 구조 위에 있다고 보았다. 따라서 나는 귀국하자 계속해서 한국 신학사상사를 정리해 보기로 했다.
　한국의 신학 사상사에 관심을 가졌던 것은 1968년의 일이었다. 나는 당시 〈기독교사상〉에 "한국신학의 광맥"이라는 주제로 신학자들의 사상을 일 년간 연재한 일이 있다. 그 후 나는 한국의 종교사 연구에 집중하느라고 신학사상 연구는 오랫동안 중단해 왔다. 그러나 이번에 다시 공부하며 정리하기로 했다.
　사상사는 그 민족의 이상을 담은 민족적 영성의 자기실현 과정사라고 생각한다. 나는 한국인의 얼을 풍류도로 포착했고, 이를 "한 멋진 삶"을 창출하는 영성으로 규정했었다. 그러므로 한국의 신학사상사 역시 풍류도의 전개선상에서 이해하도록 했다.
　풍류도는 불교와 유교를 매개로 전개되었듯이 기독교를 매개로 또한 전개되어 간다. 역으로 본다면 한국 기독교의 사상은 풍류도를 매개로 전개되어 가고 있는 것이다. 보다 구체적으로는 한, 삶, 멋과 삼위일체 하나님과의 만남을 통해 세 방향으로 전개되어 갔다.
　첫째는, 보수적 근본주의 신학의 흐름이다. 이것은 '한'의 초월성에 입각한 하나님 중심주의의 신학이라 하겠다. 하나님의 절대성이 강조되며, 그의 말씀인 성서의 절대성이 또한 강조된다. 성서의 무오설과 함께 모든 비판적 연구를 배격한다. 그러나 여기에는 한국적 '한'이 지닌 포월성이 간과되어 있다. 실은 외국의 근본주의를 그대로 신봉하고 있다는 데서 풍류도적 특성을 잃고 있다. 이것은 대체로 예수교장로회의 신학적 전통이다.

둘째는, 진보적 사회참여 신학의 흐름이다. '삶'은 역사적 살림살이를 통해 인간 본연의 모습을 실현하려는 이념이다. 하나님의 말씀이 인간이 되신 사건은 바로 이러한 '삶'의 원형이다. 그러므로 성육신의 그리스도 사건을 복음의 핵심으로 보는 신학의 전개가 있었다. 이것이 한국의 진보적 현실참여의 신학을 낳았고, 민중신학을 전개하게 했다. 이것은 대체로 기독교장로회의 신학적 전통을 만들었다.

셋째는, 문화적 자유주의 신학의 흐름이다. '멋'은 풍류의 대명사이다. 풍류는 바람이 흐르듯 자유하는 창조적 성령의 역사가 있어 가능하다. 교회 안에는 서구적 전통에 매이지 아니하고, 한국의 문화적 전통과 복음의 접목을 모색하려는 흐름이 있었다. 이들의 주요 관심은 재래종교와 복음과의 만남의 문제였다. 이러한 전통을 형성해 온 것은 감리교의 신학자들이다.

여기에 한국신학의 큰 광맥 셋이 있다. 그리고 이 셋이 상호 보완하는 가운데 한국신학의 전체상을 만들어 가고 있다. 그것은 마치 삼태극의 문양과도 같다. 그러므로 한국신학의 조류는 이것을 대립적인 것으로 볼 것이 아니라 상호 보완하는 조화 속에서 이해해야 할 것이다.

이러한 틀에 의해 한국신학의 흐름을 개관하고 이것을 "한국신학의 광맥"이라 했다. 광맥이란 아직 완전히 발굴되거나 제련되지 않은, 그러면서도 대지 깊숙히 뿌리박고 있는 줄기를 뜻한다. 말하자면 이것은 한국신학 사상사의 서설에 불과한 작업이다.

나는 이것을 서둘러서 1982년에 단행본으로 간행했다. 그것은 내가 맞이하는 회갑을 기념하는 저서로 삼기 위해서였다.

회갑하면 내 머리에 하나의 동그라미가 떠오른다. 한 바퀴를 살았다는 것의 상징일 것이다. 그러나 사람마다 그 동그라미의 구성요소를 달리하고 있다. 나의 동그라미는 세 개의 점을 이어서 만들어진다. 곧 그리스도와 한국과 예술이다. 나로 하여금 나되게 하는 세 개의 초점이다. 내 삶의 한 바퀴는 나름대로 이 세 점을 딛고 걸어온 길이었다.

어찌되었든 내가 평생 걸어온 길은 신학이었다. 한편, 신학은 나에게 한국학에 눈을 뜨게 해 주었다. 그리스도인이 된다는 것은 하나님의 자녀로서의 주체성을 지니게 하는 것이며, 동시에 한국인으로서의 정체성을 지니게 한다.

예술은 종교적 초월과 역사적 현실과의 조화 속에서 아름다움을 추구한다. 내게는 항상 예술에 대한 동경심이 있어 왔다. 그림을 그려 보기도 했다. 그러나 이것은 예술에 대한 내 향수의 한 표현에 불과하다.

중국의 시인 도연명은 인생의 선율과 조화를 찾아 항상 옆구리에 거문고를 끼고 다녔다고 한다. 그러나 그 거문고는 줄이 없는 소금(素琴)이었다. 내가 내 호를 '소석'에서 '소금'으로 바꾼 것도 이런 뜻에서이다.

한편, 예술이 덧없는 인생이나 사물을 영원에 잡아매는 작업이라고 한다면, 내 신학적 작업은 그 자체가 하나의 예술활동으로 볼 수도 있을 것이다.

그간에 마음에 머물렀던 대상들을 선과 색상으로 표현해 본 것들이 수십 장 쌓이게 되었다. 미술적 기교로는 분명히 유치한 것들이다. 그러나 나는 그러한 작업을 통해 자연이나 인생을 승화시켜 보는 기쁨을 맛볼 수 있었다. 실은 이것을 통해 그리스도의 복음을 체험해 보기도 했다. 하찮은 우리를 하나님의 자녀로 승화시키는 그의 신비로운 작업을 위대한 예술행위라고 생각했기 때문이다.

11월 22일, 연세대학교 루스 채플에서 《한국신학의 광맥》 출판기념회 및 그림 전시회를 열었다. 예배당에서 회갑 및 출판 축하예배를 드리고 난 다음, 친교홀로 나와서 그림을 감상하며 다과를 나누었다. 모든 사회는 연세대학 교목실장인 이계준 목사가 담당했다.

빈약한 내 전시회를 보완해 준 것은 친구와 후배들이 보내 준 축하 작품들이었다. 오당 안동숙 교수의 <天鹿圖>, 정경석 교수의 유

김효숙, 〈동그라미〉

2. 풍류신학으로의 여로 137

오당 안동숙, 〈천록도〉

화 <오월>, 박한진 교수의 <장승>, 김효숙 교수의 조각 <동그라미>, 고임순 교수의 서예, 권종국 님의 휘호 등은 내가 받은 귀한 선물들이었다. 그중에도 하늘을 나르며 동그라미를 그리는 오당의 <천록도>와 김효숙 님의 <동그라미>는 내 회갑을 묘사해 준 특별한 작품이었다.

이 날 놀랍게도 200여 명의 하객들이 참석해 주었다. 선배와 동료들, 그리고 후배와 제자들로 교회가 가득 찼다. 이분들이야말로 내 인생을 풍요롭게 만들어 준 고마운 분들이라고 생각하니 흐뭇했다. 그러나 한편 나는 저들에게 빚진 자가 된 무거움을 느꼈다.

2) 풍류신학의 의미

1984년은 한국에 개신교가 들어온 지 100년이 되는 해이다. 한국교회는 이제 자체를 점검하고 새로운 세기를 맞이할 시점에 이르렀다. 그리하여 한국신학대학협의회는 한국기독교학회와의 공동 주최로 10월 1일부터 3일간 "개신교 100주년 기념 신학자 대회"를 개최하고, 한국의 신학을 논의했다.

외래 강사로는 제3세계의 신학자 두 사람을 초청했다. 한 사람은 라틴 아메

리카의 보니노 교수이다. 그는 그들의 정치·사회적 상황 속에서 형성된 해방신학에 대해 강의했다. 그리고 또 한 사람은 아시아 신학자 나일스 교수이다. 기독교의 토착화론을 주장했던 스리랑카의 D.T. 나일스 감독의 아들이다. 그는 아시아의 전통문화를 배경으로 형성될 토착화 신학에 대해 강의했다.

한국에서 전개된 주체적인 신학 역시 하나는 사회·정치적 상황 속에서 형성된 민중신학과 문화적 전통 속에서 논의된 토착화 신학이었다. 민중신학에 대하여는 안병무와 현영학 두 교수가 발표했고, 토착화 신학에 대해서는 변선환 교수가 종교의 신학을 발표했고, 나는 풍류신학에 대해 발표했다.

내게 주어진 주제는 "한국문화와 기독교"였고, 그 부제로 내건 것이 "풍류신학의 의미"이다.

성서가 유대인의 종교적 영성에 의해 포착된 하나님의 말씀의 기록이라면, 서구의 신학은 그리스-라틴 문화의 눈을 통해 성서를 해석한 복음 이해이다. 우리는 그간 서구신학의 눈을 빌려서 복음을 이해해 왔다. 그러나 우리는 이제 우리의 눈으로 복음을 이해하고 우리의 신학을 정립할 때가 된 것이다.

눈이란 그 민족의 문화를 창출하게 한 종교적 영성이며, 민족의 얼이다. 한국인의 영성은 풍류도이다. 풍류도는 종교-예술적 영성이다. 이것은 실로 유·불·선 삼교를 포함한 포월적인 것이며, 만인을 교화하는 창조적인 영성이다. 한국의 그리스도인은 마땅히 우리의 영성인 풍류도를 통해 삼위일체 하나님과 만나야 한다. 이것이 풍류신학이 갖는 첫 의미이다.

실은, 주체적이며 한국적인 입장에서 진지하게 복음을 이해하려고 한 모든 신학적 노력이 이미 풍류신학을 전개하고 있는 것이다. 그 전형적인 것이 민중신학과 종교신학이다.

풍류도와 복음과의 만남은 단순한 추상적인 이념의 만남을 뜻하지 않는다. 그 만남의 장이 되는 것은 역사적 상황이다. 한국의 민중신학이나 종교신학은 일정한 역사적 현실 상황 속에서 풍류도와 복음과의 만남을 통해 형성된 한국의 신학이다.

민중신학을 낳게 한 역사적 상황은 70년대의 유신독재체제였다. 경제개발을 구실로 인간의 기본권을 박탈한 시대였다.

민중신학 운동의 출발점이 된 것은 1973년에 있었던 한국교회의 신앙고백인 "한국 그리스도인 선언"이다. 그 골자를 이루고 있는 것은 삼위일체 하나님께 대한 다음과 같은 신앙고백이었다.

(1) 우리는 역사의 주인이시며 심판자이신 하나님 앞에서 이웃을 대신하여 고난을 겪고 있는 눌린 자들이 자유를 얻도록 기도하라는 명령을 받고 있다고 믿는다.
(2) 우리는 우리의 주님 예수 그리스도가 유대 땅에서 눌린 자들, 가난한 자들, 멸시받는 자들과 함께 하신 것처럼 우리도 그들과 운명을 같이 하면서 살아가야 한다고 믿는다.
(3) 우리는 성령이 우리의 성품을 변화시키며 새로운 사회와 역사를 창조하시는 데 우리가 참여할 것을 요구한다고 믿는다.

이것은 풍류도가 지닌 접화군생(인간화 작용)의 눈에서 본 삼위일체 하나님께 대한 신앙고백이었다.

민중신학 운동의 주동자였던 서남동이나 안병무 등은 결국 교수직에서 추방되고 한때 영어의 몸이 되기도 했다.

한국에서 전근대적인 독재체제와 맞서 교회가 투쟁하고 있는 동안, 세계는 이미 탈근대 문화시대로 들어가고 있었다. 그 두드러진 특성은 다원주의 문화이다. 종교계 역시 예외일 수는 없다. 서구 중심의 기독교만이 세계를 지배할 유일한 종교라고 주장하던 시대는 지나가고 있는 것이다. 그러므로 서구에서는 이미 새로운 종교신학이 대두되고 있었다. 이른바 종교다원주의 신학이다. 이것을 한국적 상황에서 전개한 이가 변선환 교수이다.

우주적 그리스도론에서 볼 때, 예수는 그리스도이시다. 그러나 하나님의 구원의 역사를 예수 사건에만 국한시킬 수는 없다. 하나님의 사랑은 기독교보다 넓고 크다. 따라서 그리스도론의 배타적 절대성을 주장할 수는 없다. 더구나 다원종교 문화 속에 살고 있는 한국에서의 선교를 위해서는 더욱 그러하다. 이것이 한국적인 "종교의 신학"을 주장하는 입장이다.

이것은 포함삼교하는 풍류도적 '한'의 포월성에 입각한 하나님 중심주의에서 전개한 종교신학이었다.

한국의 전통교회는 이것을 용납할 수 없었다. 결국 변선환은 교수직은 물론이고 그의 목사직마저 박탈당하고 말았다.

한편, 나는 좁은 의미의 풍류신학을 또한 주장했다. 그것은 한국인의 미적 개념인 풍류의 실현을 위한 문화·예술적 신학이다.

민중신학이 접화군생하는 풍류도와 성육신하신 그리스도와의 만남을 중심에 둔 신학이요, 종교신학이 포함삼교하는 풍류도와 천지의 주재자이신 하나님과의 만남을 중심에 둔 신학이라면, 좁은 의미의 풍류신학은 종교·예술적 풍류도와 창조적 성령과의 만남을 중심에 둔 신학이다.

풍류는 화랑의 교육과목에서 보는 바와 같이 인생(相磨以道義)과 예술(相悅以歌樂)과 자연(遊娛山水)의 조화가 빚어내는 아름다움이다. 한국문화가 꿈꾸어 온 것은 이러한 풍류문화의 실현이었다. 이것은 정치·경제적인 면에서가 아니라 문화·예술적인 면에서 추구되어 왔다. 그리고 이것을 뒷받침해 온 것이 종교들이다.

정치·경제가 굴곡이 심한 무상한 것인 것과는 달리 종교·예술은 유구한 전통을 형성해 간다. 한국문화의 자랑은 정치·경제사에 있는 것이 아니라 문화·예술사에 있다. 이것을 뒷받침해 온 것이 종교들이다. 그런데 한국 종교사의 현주소를 만들고 있는 것은 기독교이다. 여기에 오늘날 한국 기독교가 지닌 사명이 있고, 신학적 과제가 있는 것이다.

문화·예술의 생명은 창조성에 있다. 풍류신학의 중심을 풍류도와 창조적 성령과의 만남에 두는 것은 이 때문이다. 성령은 현존하는 창조적 하나님의 영이며, 새로운 세계를 전개한 부활하신 그리스도의 영이시다. 그러므로 성령과의 만남을 기초로 한 풍류신학은 성령의 신학이며, 문화의 신학이며, 예술의 신학이다.

3) 풍류신학으로의 여로

1987년 9월에는 정년을 앞둔 마지막 학기가 시작되었다. 신과대학은 해마다 가을이면 새문안교회를 빌려서 신학 공개강좌를 열어왔다. 금년으로 제29회를 맞이하는 이 공개강좌는 이번에 정년을 맞이하는 세 교수의 기념강연회로써 이를 대신하기로 했다. 그리고 공동 주제로는 각자의 신학 역정을 발표하기로 한 것이다.

10월 29, 30일 양일에 걸쳐 발표된 세 교수의 주제는 문상희의 "나의 신학 순례", 한태동의 "사유의 흐름", 그리고 나의 "풍류신학으로의 여로"였다. 내게는 이것이 나 자신이 걸어온 길을 되돌아보게 하는 기회가 되었다.

나는 일제 식민지 치하에서 교육을 받으며 자라났다. 그들은 일본의 민족정신과 일본 문화의 우월성을 가르쳤지만, 한국의 역사와 문화에 대해서는 언급조차 하지 않았다. 우리로 하여금 역사도 문화도 없는 얼빠진 민족으로 살도록 했던 것이다.

따라서 당시 우리들의 공통 과제는 어떻게 하면 이러한 민족적 열등감을 극복하며 살아갈 수 있느냐에 있었다. 기독교인이었던 나로서는 종교적 절대가치의 세계 속에 안주함으로써 이것을 극복해 보려고 했다. 그리하여 신학의 길을 택했고, 동경에서 공부하기 시작했다. 그러나 일년 만에 학도병으로 끌려가는 바람에 중단되고 말았다.

광복을 맞이한 후, 나는 잠시 서양에서 공부할 기회를 가졌다. 우리가 연구해야 할 성서와 신학은 일정한 문화적 배경 속에서 형성된 것들이다. 그러므로 성서의 이해를 위해서는 유대의 민족 문화를 공부해야 했고, 서구에서 구축된 신학을 이해하기 위해서는 그들의 문화사를 공부해야만 했다. 이러한 과정을 통해 기독교의 진리를 어느 정도 이해한 듯했다. 하지만 한국인으로서의 정체성은 더욱더 모호해져 갔다. 신앙과 신학의 주체자인 나는 도대체 누구라는 말인가?

한국인인 내가 진정한 그리스도인이 되기 위해서는 민족적·문화적 정체성을 가진 주체자가 되어야 한다고 생각했다. 그리하여 미국에서 돌아온 후인 1960년대부터 뒤늦게나마 우리의 역사와 문화사를 공부하기 시작했다.

나는 우리의 민족적 영성 또는 우리의 얼을 규명해 보려고 했다. 이런 과정에서 특히 내 관심을 끈 것은 우리만의 특유한 화랑제도였다. 화랑은 조선을 조선되게 한 존재라고 한 단재 신채호의 말이 가슴에 와 닿았다. "화랑을 모르고 조선의 역사를 말하는 것은 골을 빼고 그 사람의 정신을 논하는 것과도 같다"고 했다.

그 무렵에 내 마음을 사로잡은 것이 《삼국사기》에 있는 고운 최치원의 글귀였다. 그는 한 화랑의 비문을 적는 가운데 이런 말을 했다.

"우리 나라에는 현묘한 도가 있는데, 이것을 풍류라고 한다. 이는 실로 삼교를 포함하고 뭇 사람을 교화하며 참 사람이 되게 한다."

이것이 우리 민족의 얼이다. 화랑이란 이러한 풍류도를 몸에 지닌 청년이다. 그러기에 화랑을 모르고는 우리 문화를 논할 수 없다고 했다.

위/ 소금,
〈하와이 오와후의 해변〉

아래/ 하와이 해변을 화폭에 담고 있는 필자

2. 풍류신학으로의 여로

풍류도는 풍류가 뜻하듯이 예술적인 영성이며, 그 바탕에는 종교성이 깔려 있다. 일본 민족의 혼이라는 무사도와는 대조적인 종교·예술적 영성이 풍류도이다. 여기에 두 민족 문화가 갖는 성격의 근본적인 차이가 있다.

나는 우리 민족의 얼이 풍류도라는 사실을 아는 순간 한국인된 긍지와 기쁨을 가질 수 있었다. 앞으로의 나의 과제는 풍류도와 기독교 복음과의 접목을 통해 한국신학을 정립하는 일이라고 생각했다. 곧 풍류신학의 정립이다.

내가 일생을 걸어온 신학의 길은 결국 풍류신학으로의 여로였다.

그해 가을에 하와이에 있는 이응균 목사로부터 편지 한 통을 받았다. 그가 담임하고 있는 한인교회의 역사를 써 달라는 내용이었다. 지금은 "그리스도 연합감리교회"라는 이름이지만, 본래는 "한인제일감리교회"였다. 이것은 1903년 해외에서 설립된 최초의 한인교회이다. 은퇴를 앞둔 새로운 제안이라 관심을 갖게 되었다.

나는 그간 한국의 종교사와 사상사를 공부해 왔기 때문에 그 선상에서 교회사도 다룰 수 있으리라 생각했다. 그러나 문제는 사료들이다. 사료 없이 역사를 쓸 수는 없는 일이다. 그리하여 정월 한 달을 하와이에 머물면서 사료들을 수집하고 정리해 보기로 했다.

풍류신학은 복음과 풍류도의 창구를 통해 세상을 보고 또 해석하게 한다. 85년 전에 하와이로 간 한인들과 그들이 세운 한인교회의 역사를 보고 정리하는 일도 풍류신학의 한 과제라고 생각했다.

우선 하와이에 머무는 동안에 두 가지의 놀라운 사실을 발견했다. 하나는 아름다운 하와이의 풍경이다. 천지를 창조하신 하나님을 다시금 찬송하게 했다. 이탈리아를 방문했을 때와는 다른 또 하나의 예술적 흥취를 맛보았다.

또 하나는 한인들의 종교적 성향이다. 한인들보다 먼저 이민간 더 많은 중국인과 일본인들은 교회를 세운 일이 거의 없었다. 그런데 한인들은 도착하자마자 교회부터 세우고 예배를 드렸다. 7,000여 명의 한인들이 40여 개의 농장으로 흩어져 갔는데, 가는 곳마다 교회를 세우고 예배를 드렸다는 사실을 발견한 나는, 하와이의 한인과 교회 연구에 적극적으로 관여하기로 했다.

3. 3·1 문화와 풍류도

1) 고희와 기념 논문집 《한국종교와 한국신학》

나는 이른바 고희를 맞이하게 되었다. 예로부터 70년을 산다는 것이 희귀한 일이라 했다. 하지만 평균 연령이 이미 70을 훨씬 넘어선 오늘날에 와서는 고희랄 것이 없다.

그러나 또 한편으로 생각해 보면 70은 역시 고희이다. 두보가 "인생 칠십 고래희"라고 읊었을 때, 그의 머리에는 공자님의 말씀이 떠올랐을 것이다.

> 나는 15세에 학문에 뜻을 두었고, 30에는 인격이 섰고, 40에는 미혹되지 않았으며, 50에는 천명을 알았고, 60에는 천명에 순종했으며, 70에는 마음에 하고 싶은 대로 행하여도 도리에 어긋나지 아니했다(七十而從心所欲不踰矩).

70이 된 공자님은 성인 군자의 경지에 도달했다는 말이다.

그런데 70이 된 나는 아직도 3, 40대에서 헤매고 있는 것이다. 과연 70에 군자가 된다는 일은 희귀한 것이로구나 하는 생각이 들었다.

고려 초 도선이 제창한 "비보사탑설"이라는 것이 있다. 국가나 인생의 흥망성쇠를 좌우한다는 땅 기운(地氣)을 보강해 주기 위해 산천의 비보소를 찾아 사탑을 세운다는 도참사상이다.

내 허약한 고희를 보강해 준 비보사탑이 세워졌다. 그것은 고마운 후배들이 뜻을 모아 간행해 준 내 고희 기념논문집이다. 이계준, 김경재, 김광식, 이정배 등 후배 교수들이 주동이 되어 고희 기념논문집《한국종교와 한국신학》을 간행했다. 출판위원장 이계준 목사는 그의 간행사를 이런 말로 마무리했다.

"짧은 집필 기간에도 불구하고 훌륭한 옥고를 보내 주신 모든 필자들과 수차의 모임을 통해 편집에 수고하신 위원들에게 감사드립니다.
특히 기념논문집 출간을 발의하고 헌신적으로 수고하신 김경재 교수와 출판을 맡아 주신 한국신학연구소의 채수일 박사께 감사드립니다."

3부로 구성된 이 책의 내용들은 내가 그간 추구해 오면서도 이루지 못한 부분들을 채워 준 글들이었다. 제목들만 나열해 보아도 짐작이 간다.

제1부 유동식과 그의 신학
유동식 신학의 형성과정과 전개(김광식), 종교간의 만남에서 해석학적 접목모델(김경재), 한 멋진 삶의 예언자(이현주), 세계문명의 전환과 풍류신학이 할 일(성백걸).

제2부 종교신학의 과제와 전망
종교간의 대화 백년과 전망(변선환), 종교신학과 정치신학의 갈등과 접맥(손규태), 동양신학을 위한 아나키즘(김승철), 불교적 신앙의 구조와 그 의미(정희수), 무교의 정치적 상상력(이정희), The Image of the Sage in Chu Hsi(김승혜).

제3부 선교신학과 한국문화
최근 선교신학 동향과 한국교회 선교 21세기의 과제(채수일), 민중선교의 신학적 기초(권진관), 1980-1990년대를 위한 비망록(장일조), 기독교인의 초월 이해에 대한 경험적 연구(이원규), 기독교의 자연관(이정배), 칼 융의 동시성 이론과 그 의미(김성민), 동학혁명운동의 관점에서 본 예수운동(연규홍), 탈형이상학과 기독론의 재구성(심광섭).

주옥 같은 논문들 하나하나가 부족한 내 고희를 채워 주고 빛내 주고 있었다. 그 속에는 내 인간상을 아름답게 스케치해 준 글들도 있었다(장일조 교수, 이현주 목사). 또한 내 신학세계의 성격을 객관적으로 규명해 줌으로써 나 스스로를 뒤돌아 보게 해 주는 글들이 있었다.

김광식 교수는 하이데거의 "언명되지 않은 시"에 대해 언급했다. "모든 위대한 시인은 단 하나의 유일한 시로부터 시를 짓는다. … 그 유일한 시는

고희 기념논문집 《한국종교와 한국신학》

언명되지 않은 채 남아 있다. … 그렇지만 각개의 시는 이 유일한 시 전체로부터 말하고, 언제나 이것을 이야기한다."

"언명되지 않은 하나의 시, … 유동식 선생님에게는 모름지기 그것은 풍류(風流)일 수밖에 없다." "유 선생님은 최근에 이르러 풍류신학이라는 이름을 붙였을 뿐이고, 이미 처음부터 풍류신학을 시작했었다는 것이 더 정확한 판단일 것이다."

내 모든 신학의 노래는 우리 민족의 영성인 풍류도에서 울려나오고 또한 풍류도를 이야기하고 있는 것이라는 김 교수의 이해는 내 가슴에 와 닿았다.

우리의 종교 수용을 접목과 같이 생각한다면, 풍류도는 대목이 되는 셈이다. 그 대목에 새순인 복음이 접목됨으로써 새로운 꽃이 피고 열매를 맺게 하자는 것이 토착화 신학으로서의 풍류신학의 의도이다. 대목과 새순 사이에는 유기적 생명이 오가게 마련이다. 이러한 사실을 통찰한 신학자는 접목모델의 토착화론을 정립한 김경재 교수였다. 그의 말을 들어 본다.

"유동식의 토착화론과 그의 선교신학은 '접목모델'에 입각한 '그리스도 중심적인 보편주의'이다."

"유동식의 종교-문화신학은 體·相·用이라는 유기체적 사유방식 안에서 형식과 실체의 상호침투성, 상호의존성, 상호내포성이 작동하고 있는 것이다."

김효숙, 〈두상〉

"풍류도란 세포 유전인자의 유전형질이 지니고 있는 유전적 특성과 기능에 비유할 수 있다. … 아직 나타나 있지 않지만 잠재적 가능태로서 현존한다."

"풍류도는 한민족의 종교체험의 가능성이며, 종교체험의 원형적 구조이다."

"1980년대 유동식의 종교-문화신학이 한국적 토착신학으로서의 풍류신학을 정립했다는 사실은 그의 신학자로서의 오리지널리티에 의미가 있을 뿐만 아니라, 선교신학의 해석학적 관점에서 볼 때 더욱 중요한 의미를 내포하고 있는 것이다. 다시 말하면, '파종모델'이나 '발효모델'을 완전히 극복하고 '접목모델'을 그의 선교신학과 토착화 이론의 입장으로 확고하게 선언한다는 의미를 지닌다."

고희 기념 논문집 출판 기념예배는 1993년 11월 30일 연세대학교 루스 채플에서 실시되었다. 10년 전에 내 회갑 기념예배를 드렸던 같은 장소이다. 동료 친구들과 선후배와 제자들로 예배당을 가득 채운 것도 그 때와 마찬가지였다. 이날의 예배를 특히 아름답게 장식해 준 것으로는 곽동순 교수의 오르간 전주와 후주, 이현주 목사의 단소 연주, 그리고 김효숙 교수가 제작한 내 두상의 전시였다.

2) 문화신학으로서의 풍류신학

나는 가끔 이런 질문을 받는다. 민중신학은 그 후계자들도 있고, 연구회도 있는데, 왜 풍류신학은 그렇지 못하느냐는 것이다. 그때마다 나는 애매한 대답을 해야만 했다. 풍류신학의 성격에 대한 이해와 관련된 것이기 때문이다.

제3세계의 신학은 대체로 두 가지 방향으로 전개되었다. 하나는 사회·정치·경제적 상황과의 관계에서 복음을 해석하는 사회·정치적 신학(Socio-Political Theology)이다. 흔히 복음의 상황화(Contextualization)라고 한다. 여기에는 신학이 다루어야 할 표적이 분명하다. 제3세계의 빈곤의 문제나 군부독재 치하의 인권 문제와 같은 것이다. 남미의 해방신학이나 한국의 민중신학이 그 전형적인 것이다. 따라서 어렵지 않게 신학적 공감대를 형성할 수 있다.

또 하나는 전통적인 종교문화와의 관계에서 복음을 재해석하려는 종교·우주적 신학(Religio-Cosmic Theology)이다. 흔히 복음의 토착화(Indigenization)라고 한다. 여기에서 신학이 다루어야 할 문제는 민족적 전통 종교문화와 복음의 접촉이다. 이것은 그 대상이 정신적인 종교문화일 뿐만 아니라, 상호 해석학적 접근이라는 방법론 때문에 일정한 신학적 틀을 정립하기가 어렵다. 민족문화나 신학자의 성격에 따라 신학의 양상이 달라진다. 토착화 신학으로서의 풍류신학은 그중의 하나이다. 따라서 넓은 의미의 토착화 신학이나 문화신학으로서는 공감대를 얻을 수 있어도 개별적인 신학체계로서는 얻기가 어렵다.

민중신학과 풍류신학이 갖는 이러한 성격적 차이 때문에 그 신학의 계승이나 전개 양상에도 차이가 있다고 생각한다.

풍류신학은 그 상위개념인 문화신학의 형태로 계승 발전되어 간다고 생각한다. 풍류신학은 한국문화에 내포되어 있는 궁극적 관심의 원형적 구조를 풍류도로 본다. 그러므로 풍류신학은 풍류도와 복음과의 만남을 통해 새로운 존재로서의 한국인과 한국문화의 형성을 추구한다.

이것은 곧 문화신학의 이념과 그 양상을 같이 한다. "문화신학의 과제는 모

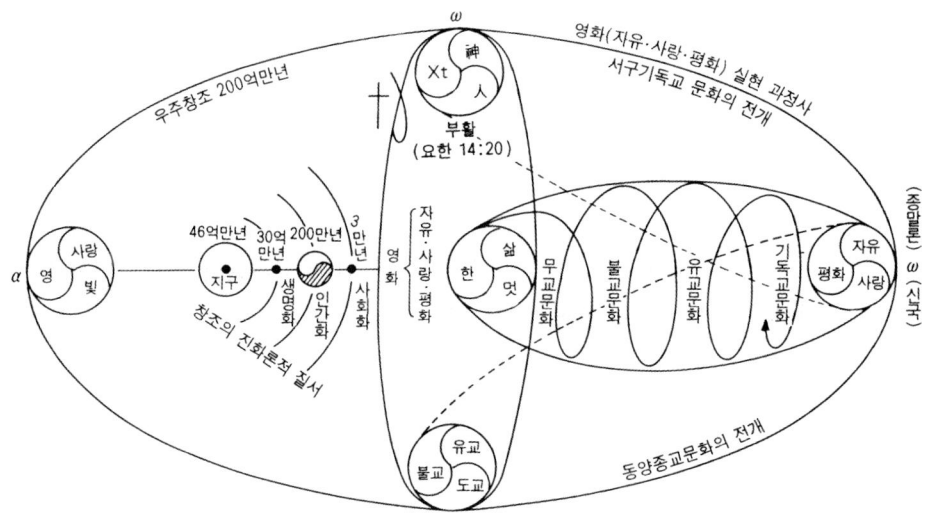

우주와 종교문화사의 조감도

든 문화적 표현과 형식들 안에 내포되어 있는 궁극적 관심의 본질과 특성을 분석하고, 그리스도교 신앙의 궁극적 관심인 예수 그리스도 안에 나타난 새로운 존재의 빛으로써 그것들을 조명하고 비판적으로 성찰하는 것"(김경재)이기 때문이다.

한국 문화신학회가 창립된 것은 1994년의 일이다. 그리고 그 주동적 역할을 한 이들은 바로 내 고희 기념논문집 발간을 주관했던 네 분 교수들이었다. 나는 여기에서 한국 문화신학회가 바로 풍류신학의 발전적 계승자라는 자부심을 갖게 되었다.

그후 한국문화신학회는 계속 발전하여 30여 명의 중견 신학자들이 동참한 가운데 문화신학 총서만도 이미 네 권을 간행하고 있다. 그러므로 나는 누구보다도 많은 신학적 동지를 가진 행복한 사람이라고 생각한다.

연세대학교 국학연구원에는 "다산기념강좌"가 개설되어 있다. 한국학을 다루되 해마다 전국의 원로교수들 가운데 한 명을 초청하여 세미나 형식의 강의를 하게 한다. 청강생은 학교 내외의 유지자들에게 개방되어 있다.

나는 1995년도 강사로 초청되어 한국의 종교사상사를 강의하게 되었다. 나로서는 영광인 동시에, 한국사상에 대한 문화신학적 검토를 할 수 있는 귀중한 기회가 되었다.

그간 나는 한국인의 종교적 영성인 풍류도를 규명해 보았고, 그 빛에 비추어서 한국의 종교사상사를 조감해 보았다. 그리고 풍류도와 복음과의 상호 해석학적 조명을 통해 한국적 신학, 곧 풍류신학을 모색해 보기도 했다.

이번 다산기념강좌에서는 지금까지의 이러한 연구 성과들을 종합하면서 한국 종교사상사의 진상을 규명해 보기로 했다.

첫째는, 한국인의 영성인 풍류도를 통해 종교문화의 실상을 조감해 보는 일이었다. 그 과정에서 얻은 것은 우주와 한국의 종교문화사의 실상에 대한 문화신학적 조감도였다.

떼야르 드 샤르댕의 안내를 받아 하나님의 우주창조가 진화론적 질서를 통해 영성세계에 도달한 과정을 보았다. 이른바 차축시대를 맞이해서 유불선과 기독교 등 동서양의 보편 종교들이 나타나게 되었다.

한국의 종교문화사는 이러한 세계 종교들을 차례로 수렴해 가는 과정사이다. 그리고 그 수용과 수렴의 토대가 된 것은 우리의 영성인 풍류도이다. 세계의 종교들은 한국에서 풍류도와 만나는 가운데 종말론적 완성의 길을 달리고 있는 것이다.

둘째는, 구체적인 한국의 종교사를 점검하되 풍류도의 눈으로 보기로 했다. 실은 우리의 종교사를 조명해 볼 수 있는 징검다리 셋을 고찰한 데 불과했다. 곧 원효의 불교적 한 사상과 율곡의 유교적 멋의 사상, 그리고 수운의 동학에 나타난 삶의 사상이 그것이다.

여기까지가 봄 학기의 강의 내용이었다. 매주 목요일마다 세 시간씩 모이는 세미나에 참석한 인원은 약 20여 명이었다.

가을 학기가 되자 세 번째 주제인 풍류도와 복음과의 만남을 통해 전개된 기독교사상을 점검해 보기로 했다. 한국 기독교사상에 대한 문화신학적 검토인 동시에 풍류신학의 역사적 전개를 볼 수 있는 작업이었다.

한국 기독교사상은 풍류도의 구조를 따라 세 유형으로 전개되었다. 하나는 포함삼교하는 포월적 한의 입장에 선 종교신학의 전개이다. 둘째는 접화군생하는 인간화, 곧 삶의 사상에 선 민족-민중신학의 전개이다. 셋째는 풍류도의 예

《풍류도와 한국의 종교 사상》

술성에 입각한 기독교사상의 전개이다.

이 세 번째 유형의 전개 속에서 우리는 특히 한국적 특성을 볼 수 있다. 그 주역을 담당한 이들은 논리적 사상가이기보다는 시인들이었다. 신앙의 예술가 이용도, 풍류도인 함석헌, 예술에 산 목회자 이연호 등이 그 전형적인 인물들이다.

다산기념강좌는 강의 원고를 제출함으로써 출판하도록 되어 있었다. 그리하여 연세대학 출판부에서 간행된 것이《풍류도와 한국의 종교사상》(1997)이다. 이것은 그 해 문공부 추천도서로 선정되어 전국도서관에 배포되게 되었다.

3) 3·1 문화론

나성(L.A.)에서 멀지 않은 곳에 클레어몬트 신학교가 있다. 미국 감리교단이 세운 유서깊은 신학교이다. 그 캠퍼스 안에는 몇 개의 기관들이 함께 있다. 하나는 미국연합감리교의 후원으로 아시아-태평양 지역의 교역자들을 위한 교육 프로그램을 운영하는 "아시아 센터"가 있다. 또 하나는 상함장로교신학교의 분교가 있다. 때때로 이 두 기관은 공동 프로젝트로 신학강좌를 열기도 한다.

아시아 센터의 책임자인 강성도 박사의 초청으로 나는 1996년과 1997년도 가을학기마다 그곳에서 강좌를 열었다. 주제는 한국의 종교사상과 기독교이다. 20여 명의 수강생들은 한국 출신의 신학생과 목회자들이었다.

대학 기숙사에 머물면서 나는 오래간만에 여유 있는 생활을 즐길 수 있었다. 오래 전 ICU의 객원교수로 지냈을 때의 여유를 다시 맛볼 수 있었다.

1997년 가을학기가 끝나갈 무렵, 나는 서울에 있는 정은으로부터 장거리 전화를 받았다. 1998년도 3·1 문화상 학술상 수상자로 선정되었다는 소식이었다. 당시 국학원 원장 송복 교수의 추천으로 3·1 문화재단의 심사위원회에서 결정되었다고 했다. 추천된 저작물로는《풍류도와 한국의 종교사상》과 함께 1975년에 간행된《한국 무교의 역사와 구조》였다고 들었다.

나는 적지 않게 놀랬다. 기독교 기관도 아닌 3·1 문화재단으로부터 내가 학술상을 받으리라고는 상상도 해 본 일이 없었기 때문이다.

내가 일생 동안에 상을 받아 본 일이라고는 1953년에 교육 현상논문에 당선되어 대한교육연합회로부터 수상한 일과 1976년에《한국무교의 역사와 구조》로〈한국일보〉가 제정한 출판문화상의 저작상을 받은 일밖에 없었다. 그런데 이번에 3·1 문화재단으로부터 학술상을 받게 된 것이다.

나는 "삼일문화재단"의 내력에 대해 잘 모른다. 하지만 '3·1 문화'라는 표현에 큰 매력을 느꼈다. 한국문화의 정신적 특징을 들어 표현한다면, 한국문화는 '3·1 문화'라고 할 수 있기 때문이다.

한민족의 신앙 대상인 '하나님'은 세 가지 양태로 존재한다. 곧 천지를 창조하시는 조화주(造化主) 환인(하늘님)과 백두산에 강점하여 우주목인 신단수 밑에 제단을 쌓은 종교적 교화주(敎化主) 환웅과 신시의 백성들을 다스리는 역사적 치화주(治化主) 단군이 그러하다. 그리하여 우리는 하나님의 백성이요 단군의 후손으로 자처하고 있다. 다시 말해 우리는 예로부터 하나님을 믿어 왔

제39회 3·1문화상 시상식 1998. 3. 1

소금, 〈백두산 천지〉

다. 그러나 그의 기능에 대한 인식 차원에서는 '삼신'을 믿어 온 것이다. 여기에 한민족이 갖는 3·1 문화의 종교적 틀이 있다.

단군의 가르침을 적은 글이라고 전해지는 《天符經》은 전체가 81자로 구성된 작은 경전이다. 그 첫 대목만을 읽어 본다.

> 하나로 비롯되되 비롯됨이 없는 하나요, 천·지·인 삼극으로 나뉘이되 그 근본은 다함이 없느니라.
> 하늘은 이 하나를 얻어 하늘이 되고, 땅은 이 하나를 얻어 땅이 되며, 사람은 이 하나를 얻어 사람이 되느니라.
> 一始無始一 析三極無盡本
> 天一一 地一二 人一三

이것은 무시무종한 하나님과 그가 존재의 근거가 된 천·지·인 삼재와의 관계구조를 설명한 철학이다. 천·지·인, 곧 우주는 하나님에게서 나와 하나님에게로 귀결된다는 3·1적 구조가 한국문화의 철학적 틀이다.

한국문화를 창출한 한민족의 얼은 풍류도이다. 종교-예술적 영성인 풍류도는 실로 포함삼교하고 접화군생한다고 했다. 풍류도는 體요, 포함삼교는 相이요, 접화군생은 用이다. 곧 위의 셋은 셋이면서 하나이다. 여기에 한국문화가 갖는 3·1적 구조의 실상이 있다.

요컨대 한국문화는 종교적으로, 철학적으로 또한 영성적으로도 3·1적 구조를 가진 문화이다.

우리 나라의 한 전형적인 문양이 삼원색으로 된 삼태극이라는 것이나, 우리가 독립선언을 3월 1일에 단행했다는 것 등은 우리들의 무의식 속에 자리잡고 있는 3·1 문화적 구조의 단적인 표현이라고 생각한다.

평생 나름대로 한국문화를 공부해 오던 나로서 3·1 문화상을 받게 되었다는 사실에 나는 스스로 남다른 의미 부여를 해 보았다.

V. 우리의 긍지와 사명

태극기를 문신한 여인(조국)이
다소곳이 앉아 있다.
그러나 그녀에게는 늠름한 힘이 있다.
세상을 향해 〈대~한민국〉을 외칠 수 있는
힘이 생긴 것이다.
그만큼 그녀에게는 인류의 평화를 위해 공헌해야 할
사명이 주어져 있다.
한국의 미래를 내다보는 미륵 보살의 얼굴에는
미소가 감돌고 있다.

소금, 〈대~한민국〉, 2002

우리의 긍지와 사명

인류의 역사는 제각기 제소리를 가진 여러 민족에 의해서 형성되어가고 있다. 그것은 마치 오케스트라와 같다. 그리고 그 지휘자는 하나님이시다. 따라서 각 민족에게는 그들에게 주어진 사명이 있다. 이것을 자각했을 때 각 민족은 자신의 정체성과 함께 긍지를 가지고 살아 간다.

하나님의 섭리는 자유와 평화와 사랑이 실현된 역사를 창조해가는 데 있고, 거기에는 단계가 있다고 생각한다.

예수님의 하늘나라 선포에 앞서 서방세계를 지배한 것은 로마제국이었다. 그리고 그들은 로마의 평화(Pax Romana)를 구가했다. 그러나 거기에는 한계가 있었다.

유대민족은 로마의 식민지 백성이요, 억압받는 약소 민족이었다. 그러나 하나님을 섬겨오던 그들에게 그리스도를 보내신 하나님은 그들로 하여금 평화의 복음을 전 인류에게 전파할 사명을 주셨던 것이다.

오늘의 세계를 지배하고 있는 것은 초 강대국 미국이다. 세계는 이제 미국의 평화(Pax Americana)를 구가하게 되었다. 그러나 로마의 평화와 마찬가지로 거기에는 한계가 있다. 정치, 경제, 군사력만 가지고는 세계의 평화를 이루어 나갈 수가 없는 것이다.

한국인은 강대국들 틈에 사는 약소 민족이다. 그러나 우리는 동서의 종교들을 수렴하며 살아올 수 있는 은사를 받은 민족이다. 우리에게는 불교와 유교와 기독교가 공존하고 있다. 그뿐만이 아니라 자유와 평화를 위해서는 협력해서 하나가 될 수 있는 종교인들이다. 그 단적인 예가 3·1 독립운동이다. 그리고 그 후예들이 올림픽 경기와 월드컵 경기를 아름다운 문화예술로 이끌어 가게 했다.

하나님께서는 우리에게 종교와 예술을 통해 세계평화 형성에 공헌하도록 사명을 주셨다고 믿는다.

1. 풍류도와 한국미

1) 풍류도와 무사도

1995년 가을 나는 일본 경도에 있는 동지사 대학으로부터 편지를 받았다. 다음해 5월에 있을 제20회 니이지마 강좌의 강사로 초청한다는 내용이었다.

동지사 대학은 창립 100주년을 맞이해서 설립자 니이지마 죠(新島 襄)의 정신을 기리기 위해 기념 강좌를 만들고 해마다 세계의 석학들을 초청하여 3일간의 강연을 해왔다. 그간 주로 서구의 학자들을 초청해 왔지만 이번에는 한국에서 나를 초청한 것이다.

내 이름이 거론된 것은 아마 내 책이 네 권이나 일본에서 간행된 탓이 아닌가 한다. 학위 논문이었던 《조선의 샤머니즘》(학생사, 1975)과 동경대학 출판회의 요청으로 저술한 《한국의 그리스도교》(동경대학 출판회, 1987), 그리고 일어로 번역된 《한국종교와 기독교》(양양사, 1974)와 《한국 기독교 신학 사상사》(교문관, 1986)가 그것이다. 그러나 나를 직접 추천한 이는 동지사 대학 신학부 교수 다께나까 마사오(竹中正夫) 박사였다.

다께나까 교수와는 1971년부터 친분을 갖게 되었다. 우리는 WCC의 신학교육기금위원회의 위원이었기 때문에 해마다 한 번씩 만나게 되었던 것이다. 그의 전공은 기독교 윤리학과 종교 사회학이었지만, 그는 오랜 동안 아시아기독교미술협회의 회장으로 있으면서 《아시아 기독교 미술》을 두 권이나 펴냈다. 그리고 자신도 종종 화필을 드는 문인화가이기도 하다.

초청장에 따라 1996년 5월 20일부터 한 주간 동안 집사람과 함께 경도에 머물면서 3일 간에 걸쳐 강의를 했다. 주제는 "풍류도와 그리스도교"였다.

강당에서 행한 두 번의 강연에서는 풍류도에 접목된 한국 기독교의 특성을 해명하는 데 집중되었다. 그리고 세 번째의 강의는 세미나실에서 자유토론 형식으로 진행되었다. 세미나의 중심은 그들에게 생소한 풍류도의 이해와 한국문화의 이해에 있었다.

나는 발제에서 한국문화의 독자성을 밝히기 위해 일본 혼으로 알려진 무사도와 우리의 풍류도를 비교해 보도록 했다.

첫째, 풍류도의 근원은 고대 제천 의례에 있다. 봄, 가을로 하느님에게 제사를 드리되 노래와 춤으로써 지냈다(영고, 동맹, 무천 등). 하느님 신앙과 가무에 의한 엑스터시는 우주를 향해 열린 구조를 갖게 한다. 이것을 계승해 온 것이 무교 문화와 풍류도의 전통이다.

무사도는 일본의 700년에 걸친 봉건 제도의 소산이다. 이것을 뒷받침해 준 것은 유교와 함께 신사신도이다. 신도는 자연 숭배와 조상 숭배가 그 기저를 이루고 있다. 그리고 조상 숭배의 계보는 민족의 근원으로 믿고 있는 천황으로 이어진다. 거기에는 초월적 하느님께 대한 신앙이 없다. 따라서 무사도는 군주가 만든 성곽이 상징하듯 주어진 틀 안에서의 복종과 의리를 기초로 한 닫힌 구조를 갖는다.

둘째, 풍류도는 화랑들이 터득해야 했던 민족적 얼이며, 그 덕목으로는 유교적 충효와 불교적 선행과 도교적 무위 자연으로 구성된다.

무사가 터득해야 할 무사도의 덕목으로는 유교적 의리와 용기, 충성과 예의가 그 중심을 이루고 있다. 불교는 저항할 수 없는 것에 대한 복종과 체념을 심어 주었다. 그러나 노자에 대해서는 비중을 두지 않는다.

셋째, 풍류도의 상징은 피리와 춤이다. 피리 소리는 모든 재난을 잠재운다는 만파식적(萬波息笛)의 신화가 있고, 처용랑은 아내를 겁탈한 역신을 노래와 춤으로써 물리쳤다는 신화가 있다. 노래와 춤은 원융 무애한 곡선으로 상징되는 예술혼의 발로이다.

무사도의 상징은 칼과 거울이다. 칼은 충성과 명예의 상징이며, 거울은 티없이 맑고 깨끗한 청정성의 상징이다. 신도에는 티로 여겨지는 죄의 관념이 없다. 일본에는 명예를 지키는 문화는 있지만, 자신의 죄과를 뉘우치는 문화는 없다고 한다. 칼과 거울은 강직한 직선적 윤리혼의 상징이다.

일본, 오다 노부나가 상

장운상, 선비 예수상 (부분)

  민족적 영성 또는 정신은 그 민족의 문화적 기초인 의식주 문화 속에 형상화되어 있는 것을 엿볼 수 있다. 챙이 넓은 갓을 쓰고 도포자락을 휘날리며 걸어가는 선비의 모습은 풍류도를 상기시킨다. 이와는 대조적으로 상투를 들어낸 채 풀먹인 듯한 각진 윗도리를 입고 옆구리에 칼을 꽂은 일본 지배층의 모습은 조형화된 무사도라 해야 할 것이다.

  음식 문화는 본능의 문화적 표출이다. 풍류도를 상징하는 음식을 든다면 그것은 비빔밥이 아닌가 한다. 땅에서 나는 밥과 나물을 기본으로 하되 거기에 바다의 다시마 튀김과 날짐승에 속하는 닭의 알을 넣고 참기름과 함께 둥근 숟가락으로 비빈다. 하늘과 땅과 바다를 한 그릇에 넣고 비빈 셈이다. 곡선적인 율동을 통해 승화된 제3의 맛을 만들어 내는 것이다.

  무사도를 상징하는 음식은 사시미가 아닌가 한다. 예리한 칼이 만들어 낸 직선적인 음식이다. 다른 종류와의 혼합을 용납하지 않는다. 자연을 있는 그대로 음미하게 하는 청정한 음식이다.

  주택은 단순한 거주지가 아니라 우주의 상징이다. 우주라는 한자는 집우 집주로 된 단어이다. 그중에도 우주관을 나타내고 있는 것이 지붕의 선일 것이다. 한국의 기와집 지붕은 곡선을 그리고 있다. 용마루는 물론이고 사방의 처마 끝은 하늘을 향해 완만한 곡선을 그리고 있다. 그 곡선을 연장하면 하늘을 향해 끝없이 전개되는 원을 그리게 한다. 이것이 풍류 곡선이다.

일본의 일반 기와집 지붕은 직선으로 되어 있다. 용마루의 선을 연장해도 수평선 위를 넘어설 수 없고, 처마 끝을 연장하면 대지에 와 닿는다. 풍요로운 자연 속에 사는 일본인의 귀착점일는지도 모른다. 이에 비해 각박한 자연과 현실 속에 살아야 하는 한인들은 항상 하늘을 향해 달음질치고 있다.

곁들여 중국의 지붕을 본다면 처마끝이 위를 향해 몹시 굽어 있다. 그 연장선은 자신에게로 돌아오게 되어 있다. 장대한 중화사상의 상징인 듯하다. 풍류도는 하늘에 의지해 살고 무사도는 땅에 의지해 살지만 중화도는 자신에 의지해 사는 듯하다.

풍류도와 무사도 사이에는 거의 대조적이라 할 정도로 그 성격을 달리하고 있다. 영성이 종교 문화의 장이며, 종교 문화가 각 민족 문화의 기초를 이루는 것이라면, 한국 문화와 일본 문화는 결코 하나의 잣대로 평가할 수 없는 독자성을 갖는 문화들이다.

그러므로 각 민족 문화는 이것을 우열의 관계로 이해할 것이 아니라 각자의 독자성을 존중하면서 인류의 행복과 평화 창조를 향해 협력하며 더불어 살아가도록 해야 할 것이다.

2) 미륵반가사유상

강의를 끝낸 다음날, 우리는 다께나까 교수의 안내로 용안사를 방문했다. 가장 일본적인 정원을 보기 위해서였다.

일본의 선종은 무사도에 접목된 선 사상을 낳았고, 그 선 사상의 영향하에 조성된 것이 용안사의 정원인 듯하다. 담으로 둘려 있는 정원 가득히 깔려 있는 흰 모래에는 줄무늬가 그려져 있고, 그 속에는 작고 큰 몇 개의 바위가 놓여있다. 얼핏 보기에도 바다와 산을 느끼게 한다. 분재화된 자연이다. 맑고 깨끗하기 그지없다. 끝없는 고요을 담고 있다. 그러나 나무 한 그루 없는 그 정원에는 싸늘한 바람이 감돌고 있었다.

한국 기와집 지붕

중국의 지붕

일본의 지붕

1. 풍류도와 한국미   165

한국의 선종은 풍류도에 접목된 선 사상을 낳았고, 그것을 반영하고 있는 것이 대자연 속에 들어앉아 있는 한국 사찰들일 것이다.

　무사도와 접목된 일본 불교가 선호한 경전은 법화경이다. 흙탕물 위에서 피어난 티없는 흰 연꽃으로 상징되는 경전이다. 같은 대승경전이지만 풍류도와 접목된 한국 불교가 선호한 경전은 화엄경이다. 잡화로 장엄하게 장식한 듯하여 잡화경이라고도 불리우는 것이 화엄경이다.

　일본 기독교와 한국 기독교의 특성 역시 두 민족의 영성에 기인한 것으로 생각된다. 얼핏 떠오르는 것이 무교회주의이다. 내촌감삼의 엄격한 성서적 무교회주의는 무사도에 접목된 일본적 기독교이다. 그러나 그에게서 배우기는 했지만 함석헌의 무교회주의는 풍류도에 접목된 한국적 기독교이다. 풍류도의 특성인 포함삼교하고 접화군생하는 종교적 포월주의 위에서 인간화를 추구해 온 이가 함 선생이었기 때문이다.

　다음날은 조재국 목사의 안내로 광륭사를 찾아갔다. 그 곳에 있는 일본 국보 제1호인 미륵반가사유상을 보기 위해서였다.

　조 목사는 다께나까 교수의 지도하에 박사 과정을 마친 일본통이다. 일어로 된 내 강의 원고를 타이핑해 주었고 이번에 또한 고맙게도 동행할 수 있었다.

　미륵반가상 앞에 선 우리는 시간 가는 줄을 몰랐다. 그 우아한 곡선미와 법열에 찬 미소에 매료될 수밖에 없었다. 이 사유상을 본 독일의 칼 야스퍼스는

용안사의 정원

"이 미륵상이야말로 완성된 인간 실존의 최고 이념이 완벽하게 표현되어 있다"는 찬사를 보냈다고 한다. 이것은 결코 과장된 말이 아니라고 생각했다.

한편 내 마음에는 이것이 과연 직선을 특성으로 하는 무사도의 문화가 낳은 작품일 수 있을까 하는 생각이 들었다. 그러나 그후 나는 이러한 내 생각이 옳았다는 것을 알게 되었다. 그것은 이 반가사유상이 신라에서 조성된 것이며, 7세기경에 일본으로 건너갔다는 것이 거의 학계의 정설이라는 것을 알게 되었기 때문이다.

경주에서 발견된 금동미륵반가상(국보 83호)과 광륭사의 목조반가사유상은 그 세부에 이르기까지 너무나 닮아 있다. 그뿐 아니라 그 목각에 사용된 재료는 일본에서 사용되지 않는 적송이라고 한다. 또한 《일본서기》에 따르면 7세기경에 신라의 불상들이 일본으로 전해졌다고 한다.

그리고 보면, 우리는 일본에서 한국의 작품을 감상하고 감격한 셈이 된다.

금동미륵반가상은 석굴암의 불상들과 함께 우리 나라 조각예술의 극치를 이루고 있다.

의자에 걸터앉은 젊은 수도자는 오른쪽 다리를 들어 왼쪽 무릎 위에 얹고, 오른쪽 손가락으로 턱을 살짝 받친 편안한 자세로 사유하고 있다. 그리고 명상에 빠진 듯한 얼굴에는 우아한 미소가 감돌고 있다. 이것은 복잡한 조각 양식이지만 그 균형과 조화는 완벽에 가깝다. 무엇보다 눈에 띄는 것은 조각이 전체적으로 지니고 있는 우아한 곡선미이다.

반가사유상의 조성은 중국에서도 시도되었지만, 그 완성을 보지 못한 채 쇠퇴해 버렸다. 그런데 이것이 한국으로 건너오자 크게 유행했고, 또한 그 완성을 보게 된 것이다. 거기에는 그만한 배경이 있었다.

삼국 통일을 전후해서 한국에는 미륵신앙이 유행했다. 미륵은 현재 도솔천에 있는 보살이며, 그는 장차 이 세상에 강림하여 모든 중생을 구원하리라고 믿는 미래불이요 불교적 메시아이다. 그런데 미륵이 하생하기 위해서는 먼저 성왕이 나타나 통치하는 이상 사회가 건설되어야 한다. 신라의 화랑제도를 만든 진흥왕이나 진지왕은 스스로를 전륜성왕으로 생각하고, 국선 화랑을 하생한 미륵보살로 보았다. 그리하여 장차 삼국을 통일하고 미륵정토를 구현할 기반을 만들어 가고 있었다.

광륭사의 〈미륵반가사유상〉

신라의 〈금동미륵반가사유상〉

1. 풍류도와 한국미 169

7세기에 이르자 화랑들이 주동이 되어 삼국 통일을 이루었다. 그러므로 화랑들의 역사적 역할이 일단락된 셈이다. 그와 동시에 기념비가 될 동상 건립이 요청되었다. 그리하여 미륵반가상 조성이 활발해진 것으로 추정된다. 그러므로 반가상은 미륵보살상인 동시에 국선 화랑의 형상으로 보아야 할 것이다.

풍류도를 몸에 지닌 화랑이 한인의 이상적인 청년상이고 보면, 이 미륵상 속에서 우리는 이상적인 한인상을 볼 수 있을 것이다.

미륵보살은 장차 어떻게 모든 중생을 구제할 것인가를 골똘히 사유하고 있다. 한편, 그는 만인이 구제될 미래의 이상 사회를 내다보면서 아름다운 미소를 짓고 있다.

로댕의 <생각하는 사람>은 "지옥의 문" 위쪽 중앙에 앉아 있다. 모든 희망을 버려야 하는 지옥의 문에 매달린 군상들의 운명을 들여다보면서 사유하는 <생각하는 사람> 상에서는 미소를 볼 수가 없다.

3) 청자의 마음

세계인의 이목을 끌어 온 한국의 예술적 걸작으로는 신라의 불상들과 함께 고려의 청자가 있다. 청자는 유약 속에 있는 철분이 고온의 환원염에 의해 청록색으로 변한 비색의 도자기이다. 이것은 본시 송나라에서 발전된 것이었으나 그것을 신비로운 비색으로까지 발전시킨 것은 고려인들이었다. 비색이란 비취색이라는 뜻도 되고 감추어진 신비로운 색이라는 뜻도 된다.

송나라의 학자 태평노인은 고려의 비색을 천하의 제일이라 했다. 송나라의 청자가 도달할 수 없었던 경지의 비색이었던 것이다.

비색이란 심오한 신비로운 청색이다. 하늘의 색이요, 바다의 색이기도 하다. 환원염의 연기를 먹은 검푸른 청록색은 사람의 마음을 가라앉히는 깊고 고요한 색이다. 비색은 우리로 하여금 종교의 깊은 세계로 이끌어 간다.

엘 그레코의 성화들은 청색을 띠고 있다. 현실을 넘어선 거룩한 세계의 표현이다. 피카소는 한때 푸른색으로만 그림을 그렸다. 색상이 찬란한 현실의 허위를 깨고 존재의 본질을 표현하려고 했던 것이다. 이에 앞서 세잔느는 풍경화에 종선을 삽입하고 선과 선 사이를 푸른색으로 메웠다. 자연의 깊이를 표현하

〈상감운학문매병〉

기 위해서였다.

　이러한 청색을 종교적인 비색으로까지 끌어올린 것이 고려 사람들이었다. 그들로 하여금 비색을 낳게 한 것은 우리들의 영성인 풍류도였다. 풍류도는 유불선 삼교를 포함한 종교적 영성이기 때문이다.

　풍류도는 청자의 색상에서뿐만 아니라 문양으로도 나타났다. 푸른 하늘을 나는 구름과 학, 늘어진 수양버들과 그 밑에서 유유히 헤엄치는 물오리 등이 그려져 있다. 그런데 놀라운 것은 그 문양의 그림법이다. 일찍이 어느 나라에서도 도자기에 시도된 바 없는 상감(象嵌) 기법을 개발한 것이다. 곧 자기의 태토 위에 음각 무늬를 새기고 그 자리에 백토나 자토를 메워 놓은 다음 유약을 발

1. 풍류도와 한국미

라 구워 내는 방법이다. 그러면 희고 검은 색으로 은은하게 무늬가 나타난다. 드러내야 할 문양을 흙 속에 감추어서 은은하게 표현하는 것이다.

어진 황후는 패물을 겉으로 드러나게 차지 아니하고 치마 밑에 간직함으로써 없는 듯이 지닌다고 한다(黃裳元吉). 여기에 깊은 멋이 있다.

풍류도란 종교·예술적 멋의 영성이다. 멋을 형상화한다면 그것은 직선이 아니라 곡선이다. "청자상감운학문매병"으로 알려진 작품은 고려청자 중에서도 뛰어난 걸작이다. 이 매병이 지닌 곡선은 황후의 몸매를 연상케 한다. 아가리는 좁고 어깨는 넓으나 그것이 잘룩한 허리로 흘러내려와서는 다시 안정감을 찾아 늘씬한 다리의 선이 조금 벌어진다. 풍류의 여성적인 곡선이다. 태극도의 음양이 만나는 S형의 곡선이다. 음양과 천지가 하나의 조화를 이룬 아름다움이다.

이러한 걸작들을 만들어 낸 작가들은 과연 어떤 사람들이었을까? 그들은 이름난 소수의 이른바 예술가라기보다는 평범한 도공들이 아니었던가? 그렇다면 어떻게 이것이 가능했을까?

상감청자의 제작이 한창이던 12, 13세기에 걸쳐 산 고승은 보조국사 지눌(1158-1210)이다. 자신의 마음이 본래 부처임을 깨달아야 한다고 가르친 그는 이렇게 말했다.

> 자기 마음 속에 있는 부처님의 밝은 지혜로써 일체 중생을 널리 비추어 본다면, 중생상이 곧 여래상이요, 중생심이 곧 여래심이다. 또한 생산업을 치리하는 것이나 공작 예능이 모두 여래보광명지의 운용과 작용함이니 거기에는 전혀 다름이 없다(원돈성불론).

모든 사람 속에는 하늘이 주신 '한마음'(一心)이 들어 있다. 불교에서 보면 불심이요, 우리 민족으로 보면 풍류도이다. 이것을 깨닫고 보면 여래와 중생 사이에 하등의 차별이 없고, 예술가와 도공 사이에 차별이 없다. 일심에 사로잡혀 사심을 버린 도공들의 작업은 자신의 기교에 의해서가 아니라 자신 안에 들어 있는 풍류도의 활동에 의해 이루어졌다. 그렇기 때문에 그들의 작품에는 인위적인 기교의 아름다움이 아니라 무위자연의 멋이 흐르고 있는 것이다.

이러한 한국미의 특성을 보다 선명하게 드러낸 것이 분청사기이다. 이것은 고려 말에 시작되어 조선조 세종 대에 이르러 전성기를 맞이한 한국적 청자이다.

이것은 또한 임진왜란 때에 일본으로 잡혀간 도공들에 의해 일본인이 즐기는 삼도수(三島手) 자기의 전통을 만들었다.

고려청자를 사용한 것은 소수의 귀족 지배층이었다. 그러나 조선조에 들어서면서 지배층이 사대부로 바뀌게 되자, 차츰 청자의 사용도 대중화되어 갔다. 이에 따라 청자의 대량 생산이 이루어지게 되었다.

가마터가 전국으로 확산되면서 재료가 조잡해지고 작품 역시 거칠어지게 되었다. 그러므로 이것을 감싸기 위해 겉에 백토를 발라 분장한 뒤 구워 낸 것이 분청사기이다. 색은 누르께한(황색) 갈색과 쑥색이 조화를 이루게 되며, 문양은 거친 필치로 속도감 있게 그려진다. 자유분방한 필치이다.

이러한 대중용 분청 속에 실은 민족적 미의식이 더욱 선명하게 표출되어 있다. 한국미의 특성을 가리켜 기교를 넘어선 무위자연의 미라고 한다. 한국의 도자기들은 "만들었다고 하기보다는 도리어 태어났다고 해야 할 것이다." 야나기 무네요시는 일찍이 "조선의 도자기의 미는 미(美)와 추(醜) 이전의 미"이며, 그것은 사람이 만든 미가 아니라 하늘이 내린 미라고 했다. 그것은 바로 우리 민족의 영성인 풍류도의 미적 표현이라고 해야 할 것이다.

분청사기어문양이발

1. 풍류도와 한국미 173

2. 밀레니엄과 삼대 거작

1) 제1밀레니엄과 〈최후의 심판〉

> 나는 한 천사가 내려와서 사탄인 용을 잡아 천년 동안 결박하고, 천년이 끝나기까지는 나라들을 현혹케 하지 못하게 하는 것을 보았다.
> 사탄은 그후에 잠시 동안 풀려 나오게 되어 있었다.
> 나는 또 예수를 위해 증언했고, 하느님의 말씀을 전파했다 해서 목이 잘린 사람들의 영혼이 살아나서 그리스도와 함께 천년 동안 왕노릇을 할 사람들을 보았다.
> 이것이 첫째 부활이다(계시 20:1-4).

학생 시절의 나는 21세기라는 것이 나와는 관계없는 먼 미래의 것으로 알았다. 한편 21세기의 발전된 문명을 공상소설과도 같이 상상해 보기도 했다. 그런데 놀랍게도 새천년이 시작된 21세기를 맞이하게 된 것이다.

특히 우리는 "밀레니엄"이라는 낯선 단어를 내걸고 떠들썩한 가운데 서기 2000년을 맞이했던 것이다. 과연 새천년이란 무엇을 뜻하는지를 다시 생각해 보게 된다.

천년왕국을 뜻하는 "밀레니엄"이란 말은 재림한 그리스도가 부활한 신도들과 함께 천년 동안 세상을 다스린다는 성서적 개념이다. 천년을 단위로 인류 문화의 패러다임의 변화를 보고 또한 예측하려는 개념이기도 하다.

십자가에 돌아가신 예수님의 부활은 곧 그의 재림이기도 하다. 따라서 주후 2000년대를 맞이한다는 것은 세 번째 밀레니엄의 시작을 뜻한다.

밀레니엄마다 문화적 특성을 달리하고 있다. 그리고 그 특성을 우리는 요한 계시록에 비추어서 이해해 볼 수 있다. 한편, 예술가들은 그들이 이해한 것을 형상화했다.

첫 밀레니엄을 로마 가톨릭 교회가 지배하던 지중해 연안 시대에서 보려는 이들이 있다. 교회의 머리는 그리스도요, 그의 지체가 된 신도들은 거듭난 사람, 곧 그리스도와 함께 부활한 존재들이다. 초대교회의 조직과 성장은 어두웠던 유럽인들을 점차 교화해 나아가는 공을 세웠다.

그런데 어찌된 일인지 "사탄은 그 후 잠시 동안 풀려 나오게 되었다"(계시 20:3). 교권에 의한 세속 사회와 문화의 지배는 점차 인간을 억압하는 봉건 체제를 형성해 갔으며, 억압된 민중은 농노로 변해갔다. 이것은 그리스도가 아닌 사탄의 농간에 속하는 일이다. 이에 봉건 제도와 전제주의로부터 민중을 해방하고 인간의 존엄성과 자유를 회복하려는 르네상스 운동이 움트게 되었다. 그 본거지는 단테와 미켈란젤로의 조국인 이탈리아의 도시 국가 피렌체였다.

자유 도시 공화국 피렌체의 시민 의사당 전면 계단에는 미켈란젤로의 <다윗>상이 서 있다. 청년 다윗은 돌을 손에 들고 앞을 응시하고 있다. 자유와 평화의 적인 거인 골리앗을 뚫어지게 보고 있는 것이다. 이것은 인간의 자유와 독립을 위협하는 적과의 투쟁을 선언한 피렌체의 준엄한 의지의 표현이다.

로마의 거대한 교권과 군주들에 의해 피렌체의 자유 독립이 괴멸될 때마다 자유의 혼이었던 단테(1265~1321)나 미켈란젤로(1475-1564)는 추방되거나 떠돌이 생활을 해야만 했다. 조국을 떠난 단테는 《신곡》을 썼다. 지옥 같은 중세 봉건 사회에서 해방되어 시련 끝에 천국으로 가는 희망을 노래한 시극이다.

피렌체를 떠나야만 했던 미켈란젤로는 아이러니칼하게도 교권의 중심지인 로마 교회의 예배당 시스틴 성당에 벽화를 그리도록 두 번이나 위촉을 받게 되었다. 첫 번째는 1508년 시스틴 예배당 천정화를 그리도록 위촉받고 4년 만에 이것을 완성했다. 천지 창조와 아담과 이브의 창조, 그리고 실낙원의 그림 등 걸작을 남기었다. 두 번째는 그로부터 21년이 지난 1533년에 같은 성당 제단 뒤의 넓은 벽에 벽화를 그리도록 위촉받았다. 처음에는 그리스도의 부활을 그릴 계획이었다. 그러나 그가 8년 만에 완성한 세계 최대 최고의 벽화는 <최후의 심판>이었다.

<최후의 심판>은 삼층 구도로 되어 있다. 상층인 하늘나라에는 중앙에 심판자 그리스도가 있고, 부활한 순교자들과 성도들이 그를 옹위하고 있다. 하반부에 속하는 다소 어두운 중간층에는 천사들의 나팔소리와 함께 심판받는 사람들의 모습이 그려져 있다. 지옥으로 떨어지는 군상과 하늘로 올라가는 군상들로 갈라져 있다. 그리고 어두운 아래층은 지옥과 무덤으로 구성되어 있다. 전체적으로 그리스도의 왼쪽은 지옥을 향해 내려가고 있고, 오른쪽은 하늘나라로 올라가는 순환운동의 우주적 드라마의 형상이다.

　<최후의 심판> 중심에는 분노에 찬 심판자 그리스도가 자리잡고 있다. 그가 오른손을 높이 들어 내리치는 듯한 표정으로 내려다보는 대상은 교만한 교회의 지도자들이다. 그들은 자신들이야말로 천국으로 올라갈 자격자로 알고 있었다. 그러나 놀랍게도 지옥의 사자들이 그들의 발목을 잡아 아래로 끌어내리고 있는 것이다.

　타락한 교회의 지도자들은 공공연히 면죄부를 파는가 하면, 종교 재판소를 설치하고 개혁을 외치는 신도들을 이단으로 몰아 처형하고 있었다. 단테는 그의 《신곡》에서 당대의 교황 7명을 거론하며, 그중 5명을 지옥에 있던가 떨어져 가고 있는 것으로 묘사했다. 미켈란젤로의 <최후의 심판>은 마지막 날의 우주적 드라마일 뿐만 아니라 중세의 타락한 교회에 대한 심판이기도 하다.

　지옥으로 가는 망령들을 배에 태우고 온 카론은 그들을 몰아쳐서 지옥의 왕 미노스에게 보내고 있다. 이것은 《신곡》의 한 절을 그린 장면이다.

　　　카론은 무섭게 불타는 눈초리로,
　　　망령들을 배 안으로 불러모아,
　　　머뭇대는 자는 가차없이
　　　노를 들어 내리쳤다(지옥편 제3가).

　그리스도의 왼손은 그의 오른쪽 아래에 있는 신실한 영혼들을 끌어올리고 있다.

　이 많은 군상들은 그리스도 옆에 있는 마리아를 제외하고는 모두 나체로 그려져 있다. 신 앞에 모든 사람은 가식 없이 적나라하게 나타날 수밖에 없는 것

미켈란젤로, 〈최후의 심판〉

심판자 그리스도

이다.

교황청의 의전국장은 이러한 나체화에 대해 종종 불평을 토로했다. 이것을 들은 미켈란젤로는 지옥의 왕 미노스의 얼굴을 그 의전국장과 닮게 그렸다. 이에 놀란 그는 교황에게 이것을 수정시키도록 부탁했는데, 교황의 답변은 이러했다. "혹시 연옥에 있다면 구제할 길이 있겠지만, 이미 지옥에 떨어졌다면 그리스도도 어쩔 수 없는 일이다."

2) 제2밀레니엄과 〈지옥의 문〉

천년이 끝나면 사탄은 자기가 갇혔던 감옥에서 풀려 나와 온 땅에 널려 있는 나라들을 현혹케 하고 그들을 불러모아 전쟁을 일으킬 것이다(계시 20:7-8).

이것이 제2천년기에 대한 예고였다. 사탄은 하나님의 뜻을 거역하는 세력이요, 나라와 나라의 전쟁과 사람과 사람 사이의 싸움을 통해 인간을 파멸로 이끄는 인류의 적이다.

르네상스 이후 인간은 봉건 사회에서 점차 해방될 수 있었다. 그리고 교권에서 벗어난 인간의 이성은 과학 기술 문명을 발전시켰다. 산업 혁명과 자본주의의 형성 등이 인간의 생활 조건을 풍요롭게 하기도 했다. 그러나 한편, 약육강식의 제국주의와 두 차례에 걸친 세계대전, 그리고 무서운 살상 무기의 대량 생산과 생태계의 파괴 등은 인류의 생존 자체를 위협하기에 이르렀다. 그뿐이 아니다. 인간이 세계의 주인으로 등장하는 인본주의는 점차 무신론적 유물론과 감각적인 쾌락주의가 지배하는 문화를 형성하게 했다. 그리하여 물질적으로,

정신적으로 비인간화를 촉진하며, 인간성이 상실되어 가고 있는 것이다. 이것이 사탄이 풀려난 제2밀레니엄의 실상이다.

현대 문명의 본질을 직감하고 그 미래를 내다본 이는 조각가 로댕(1840~1917)이었다. 르네상스 시대 미켈란젤로의 위치를 계승한 로댕은 예언자들과도 같이 가난가 고독 속에 살았다. 그러나 1880년에 이르러 프랑스 정부는 그들이 새로 세우기로 한 장식 미술관의 정문 제작을 로댕에게 위촉해 왔다. 내용은 "단테의 《신곡》을 표현한 부조(浮彫)"라는 것이다. 그리하여 탄생한 것이 그의 일생을 바쳐 제작한 <지옥의 문>이다.

로댕은 《신곡》 전체를 묘사하려고 하지 아니하고, '지옥의 문'에 집중하도록 했다. 이것이 예술가의 눈에 비친 제2천년기 문화의 실상이었을 것이다.

단테의 '지옥의 문' 위에는 이런 글이 쓰여 있는 현판이 달려 있다.

　　나를 지나면 우환의 도시가 있다.
　　나를 지나면 영원한 고난이 있다.
　　나를 지나면 멸망의 백성이 있다.
　　……
　　이 문으로 들어가는 자는 모든 희망을 버려라(지옥편 3:1-9).

지옥이란 하나님도 희망도 없이 사는 저주받은 사람들의 세계이다. 사탄의 지배하에 신음하고 있는 현대 문명은 이제 지옥의 문에 매달려 있는 것이다.

로댕은 100여 명이 넘는 인체들의 운동과 접촉 관계를 조각함으로써 지옥의 문에 매달려 있는 인간의 내면적인 상황을 표현하고 있다. 격정과 혼란으로 가득 찬 <지옥의 문>은 피카소의 <게르니카>를 연상케 한다.

6미터 높이의 거대한 양쪽 문설주에 새긴 조각들은 대체로 위를 향해 움직이고 있고, 두 문짝에 새긴 조각들은 아래로 추락하는 움직임을 보이고 있다. 두 문짝 위에 가로지른 상인방과 문틀 사이의 넓은 공간에는 지옥으로 떨어져 갈 여인상들이 조각되어 있으며, 그 한가운데에 <생각하는 사람>이 놓여 있다. 지옥의 문의 중심점은 바로 이 <생각하는 사람>에 있다. <최후의 심판>의 중심을 이루고 있는 그리스도의 위치에 <생각하는 사람>이 자리잡고 있는 것이다. 그는 지옥을 향한 인간의 운명과 오늘의 문명에 대해 골똘히 생각하며, 슬픔과 체념에 찬 표정을 짓고 앉아 있다.

신일 수도 있고 예술가일 수도 있는 '창조자'는 오른쪽 기둥 주춧돌 안쪽에 갇혀 있는 듯이 조그맣게 꿇어앉아 있다. 종교도 예술도 구원의 힘이 없는 것이다.

<지옥의 문>의 출발은 단테의 《신곡》이었다. 그러나 그것은 단테의 신학에 매인 작품이 아니라 로댕 자신이 직관한 인간의 운명과 시대 상황의 표현이었다. 그러나 그럼에도 불구하고 모든 통찰의 거점을 이루고 있는 것은 역시 단테였다.

《신곡》 지옥 편에서 직접 따온 주제로는 왼쪽 문짝 하단부에 조각된 <우골리노와 그의 아이들>과 <파오로와 프란체스카> 둘뿐이다. 그러나 이것이 작품 전체의 사상적 기저를 이루고 있다.

지옥에는 9개의 계곡이 있어 죄목에 따라 가는 곳이 다르다. 우골리노 백작은 반역자들이 가는 제9계곡에 있다. 그는 피사시의 패권을 잡기 위해 그곳 대주교와 손을 잡고 반대당을 추방하는 데 성공했다. 그러나 득세한 대주교는 다시 우골리노와 그의 아이들을 잡아 가둔다. 결국 그들은 탑 속에서 굶어죽게 된다. 굶주림으로 인해 인간적 의식을 잃고 동물로 변한 우골리노는 자식들의 살을 뜯어먹으려 하고 있다. "고뇌에는 지지 않던 나도 배고픔에는 지고 말았다"는 것이 그의 고백이다. 정치적 음모와 경제적 탐욕 속에 인간성을 잃어가는 현대 문명의 실상을 열어 보이고 있다.

지옥의 두 번째 계곡은 정욕의 범죄자들이 가는 곳이다. 파오로와 프란체스카가 있는 곳이다. 라빈나시 성주의 딸 프란체스카는 리미니의 성주에게 출가했다. 그러나 그녀는 잘생긴 시동생 파오로와 사랑에 빠지게 된다. 그리하여 그들이 첫 입맞춤을 하려는 순간, 이를 본 남편이 두 사람을 다 찔러 죽였다. 그로부터 두 영혼은 항상 함께 지옥에서 날아다니고 있다.

입맞춤이 일으키는 전신의 전율과 만족을 모르는 욕망의 상징인 파오로와 프란체스카는 로댕의 작품 활동의 중요한 모티프가 되어 있다. <지옥의 문> 오른쪽의 주요 작품인 <허무한 사랑>, <입맞춤>, <나는 아름답다> 등은 모두 이것과 연관된 작품들이다.

로댕, 〈지옥의 문〉

"허무한 사랑"이라고 한 'Fugit Amor'는 도망치는 사랑이라는 뜻이다. 양손으로 머리를 쥐고 엎드려 있는 젊은 여인, 그 위에 등을 맞대고 드러누워서 두 팔을 뻗어 여인의 가슴을 잡으려는 남자의 상이다. 덧없이 사라지는 사랑, 갈망하지만 영원히 도달하지 못하는 사랑이다. 이것은 또한 손에 잡힐 수 없는 절대적인 것이나 헛된 꿈을 추구하고 있는 인간의 상징이기도 하다.

로댕, 〈생각하는 사람〉

지옥은 인간의 영혼 속에 있는 고통과 채워지지 않는 욕망의 세계이다. 죄인이 지옥으로 가는 것이라면, "족할 줄 모르는 것보다 더 큰 죄인은 없다"(罪莫大於 不知足, 노자).

3) 제3밀레니엄과 석굴암의 묵시

그후에 나는 새 하늘과 새 땅을 보았다. 이제 하나님의 집은 사람들이 사는 곳에 있다. … 하나님께서는 친히 그들과 함께 계시고, 그들의 하나님이 되셔서 그들의 눈에서 모든 눈물을 씻겨 주실 것이다. 그래서 다시는 죽음이 없고 슬픔도 고통도 없을 것이다(계시 21:1-4).

제2천년 시대를 마감한 우리는 이제 제3밀레니엄 시대에 발을 들여놓게 되었다. 우리들의 기대와 소원은 눈물 없는 세계의 전개이다. 하나님은 요한의 환상을 통해 그러한 미래를 열어 보이셨다.

요한이 본 것은 하나님이 우리와 함께 계신 임마누엘의 세계이다. 곧 하나님의 뜻인 자유와 사랑과 평화가 지배하는 세계이다. 그곳은 고난도 고통도 그리고 죽음마저도 없는 새 하늘과 새 땅이었다. 우리는 이러한 하나님의 나라가 제3천년 시대에 실현되기를 기원하고 있다.

그런데 이러한 종말론적 신천지에 대한 기대와 믿음은 기독교만이 가지고 있는 것이 아니다. 실은 모든 보편 종교들도 궁극적으로 극락 세계나 천국을 제시하고 있다. 이것은 인류에게 공통된 희망의 표현일 뿐만 아니라 하나님께서는 동서의 종교적 예언자들을 통해서도 말씀하신다는 증거가 될 것이다. "하나님께서는 예언자들을 통해서 여러 번 여러 모양으로 말씀하시다가 마지막 시대에 와서 그리스도를 통해서 말씀하신 것이다"(히브 1:1, 2). 그러므로 우리는 그리스도의 빛에 비추어서 다른 종교가 제시한 종말론적 비전을 이해하도록 해야 한다.

예로부터 우리 나라의 문화를 이끌어 온 것은 불교였다. 하나님께서는 불교 문화를 통해 우리들에게 말씀해 오신 것이다. 그 가운데는 궁극적 이상 세계를 제시하신 바가 있으며, 이것을 받아 형상화한 작품들이 있다. 그 전형적인 것이 경주 토함산의 석굴암이라고 생각한다.

삼국 통일 후 신라 문화의 전성기를 이루던 때의 경덕왕(재위 742-765)은 재상 김대성(700-774)에게 두 개의 사찰을 건립하도록 명했다. 하나는 현세 왕실을 위한 불국사요, 또 하나는 전세 부모인 문무왕을 위한 석불사의 창건이다. 여기에는 현세와 내세를 하나의 우주로 보는 종교적 예지가 나타나 있다.

김대성은 표훈으로부터 화엄을 배운 정치가요 예술가였다. 따라서 그가 평생을 두고 창건한 두 사찰에는 화엄 사상이 반영되어 있다.

석굴암이 위치한 곳은 동악 토함산이며, 그곳에 안치된 부처님은 다시 동쪽 바다를 바라보고 있다. 동해구에는 민족 통일을 성취한 문무왕의 수중릉이 있다. 여기에는 강력한 동방 의식과 함께 통일 의식이 나타나 있다.

"동방을 이(夷)라고 한다. 이는 뿌리이다. 어질고 살리기를 좋아한다. 만물은 뿌리에 의지해서 자라난다"(최치원). 하나님의 햇빛이 솟아오르는 동방이야말로 어질고 광명한 생명의 뿌리이다.

돌을 쌓아올린 석굴암의 둥근 주실이 하늘을 상징한다면, 네모난 전실은 땅

석굴암의 〈본존불〉

을 상징하고 있다. 석굴암은 천지가 어우러진 하나의 우주이다. 주실에는 중앙에 안치된 본존불을 중심으로 보살들과 십대 제자들의 부조상이 둥근 벽에 배치되어 있다. 그리고 전실과 통로에는 신장들이 있어 이를 수호하고 있다.

불상이란 진리를 깨달은 이의 형상이다. 진리는 하나님의 말씀이다. 말씀은 하나님의 계시이다. 그리스도는 하나님의 계시요, 부처님은 진리의 빛을 반사하는 거울이다. 동해를 향해 정좌한 부처님은 떠오르는 하나님의 햇빛을 온몸으로 받아 이것을 온누리에 비추고 있는 법신불이요, 비로자나불이다.

불상 앞 양 벽에는 문수 보살과 보현 보살의 부조상이 있다. 문수는 깨달음에 이르게 하는 지혜의 보살이요, 보현은 깨달음의 내용을 세상에 펴는 실천의 보살이다. 깨달음이 모든 집착으로부터의 자유를 초래하는 것이라면 자유의 실현은 세상에 평화를 초래한다.

석굴암의 〈보현 보살〉

그런데 문수와 보현 두 보살은 다같이 부처님 바로 뒤벽에 있는 십일면 관세음보살을 바라보고 있다. 관음보살이란 자비와 사랑의 화신이다. 십일면을 가진 것은 사방 팔방을 두루 살펴 빠짐없이 중생들을 모든 고뇌로부터 구제하기 위해서이다. 지혜도 수행도 그 도달점은 자비에 있다. 사랑 없는 자유와 평화는 묘지와도 같아 무의미한 것이기 때문이다.

십일면 관음상은 앞에 있는 부처님을 응시하고 있다. 결국 문수, 보현, 관음의 세 보살은 하나의 부처님으로 모아지는 것이다. 여기에 부처님의 실상이 있고, 석굴암의 구조가 갖는 본질적인 의미가 있다. 김대성의 꿈은 자유와 평화와 사랑이 지배하는 미래의 우주를 형상화하는 데 있었던 것이다.

석굴암의 정면에 섰을 때 우리가 볼 수 있는 것은 본존불상뿐이다. 둥근 벽에 조각

2. 밀레니엄과 삼대 거작   185

된 보살상들은 보이지 않는다. 그러나 우리는 불상에서 세 보살상을 읽어 내야 하는 것이다.

부처님의 본질은 자비의 사랑에 있으며, 지혜로써 인간을 깨닫게 하고, 모든 슬픔과 눈물을 제거하는 데 있다.

새천년 시대의 종교는 그 간판에 의미가 있는 것이 아니라 어떻게 하나님의 뜻을 실현하느냐에 그 존재 이유가 있다. 정면에서 바라보는 대상은 불상일 수도 있고 그리스도상일 수도 있다. 그 종교적 가치를 판단하게 하는 것은 보이는 간판이 아니라, 이 세상에 얼마나 자유와 사랑과 평화를 초래하느냐에 있다.

석굴암은 불교 미술의 결정체요, 우리 문화의 자랑일 뿐만 아니라 인류 문화의 미래를 내다보게 하는 하나님의 묵시가 담겨 있는 거작이라고 생각한다.

3. 동방의 등불

1) 동방의 등불

2001년 가을에 나는 박영배 목사의 인터넷을 통해서 나성 가주대학(UCLA)의 이상훈 교수로부터 편지 한 통을 받았다.

박 목사는 2000년 봄부터 '성서와 문화교회'를 열고 매주일 오후마다 집회를 갖는 한편, 계간지 〈성서와 문화〉를 펴내고 있다. 나는 고문의 자격으로 그를 돕고 있다. 이상훈 교수는 박 목사와 잘 아는 사이인 동시에 〈성서와 문화〉의 독자이다. 그리하여 그는 박 목사의 이메일을 통해 UCLA 한국학연구소의 소식을 전해온 것이다.

그들은 루스 재단의 후원으로 한국 기독교에 대해 6회에 걸친 연구회를 계획하고 있었다. 그중 한 회를 내가 맡아서 강의해 달라는 내용이었다. 그들이 제의한 주제는 "풍류도와 한국의 기독교"였고, 날짜는 2002년 2월 22일이었다.

나는 이 제의를 기꺼이 수락하는 한편, 우리 민족의 긍지와 한국 기독교의 사명에 대해 말하기로 하였다. 그리고 주제를 "동방의 등불"이라고 했다.

다음은 연구회에서 발표한 글의 요지이다.

한국인은 유사 이래 자주민으로서 독립국가를 형성하고 유지해 왔다. 그러나 20세기에 들어서면서 군국주의 일본의 합법을 가장한 침략으로 인해 구한국은 붕괴되고, 1910년부터 그들의 식민지가 되었다. 일본의 무력 통치 하에 한국인의 대부분은 노예와 다름없는 생활을 해 왔다. (나중에는 신사참배를 강요했고, 한국어의 사용을 금지했으며, 인격의 상징인 성명을 포기하고 일본식 이름으로 창씨 개명하도록 강요했다.)

10년을 참아오던 한국인은 1919년 3월 1일을 기해 민족의 독립선언서를 발표하고 독립만세 시위운동을 전개했다.

민족 대표 33인의 이름으로 발표된 독립선언서의 내용은 세 가지로 요약된다.

첫째, 한국인의 자유와 인권은 하늘이 내린 것이기 때문에 아무도 이것을 억압할 수 없다. 따라서 우리의 독립 주장은 하늘의 뜻을 따른 것이다.

둘째, 우리의 독립운동은 우리 민족만을 위한 것이 아니라 일본도 정의로운 나라가 되게 하기 위한 것이며, 나아가서는 세계가 평화를 누리게 하기 위한 것이다.

셋째, 폭력에 의한 침략의 시대는 지나갔다. 이제는 다함께 도의에 입각한 새로운 세계 건설을 위해 협력해야 할 새 시대가 온 것이다.

요컨대, 3·1 독립운동은 하늘의 뜻을 따라 정의와 인도주의에 입각한 민족적 요구를 표명한 것이었다. 그러므로 우리는 정정당당하게 우리의 요구를 주장함과 동시에 일체의 폭력을 배제한 평화로운 운동이 되어야 한다고 했다.

이 독립운동을 주도한 것은 어느 정치 단체가 아니라, 천도교(한국의 토착종교)와 기독교와 불교 등 세 종교의 지도자들이 연합해서 단행한 것이었다. 그리고 이 시위운동은 3개월에 걸쳐 전국적으로 확산되어 갔다. 총 참가 인원은 약 200만 명이며, 당시 한국 인구는 약 2,000만 명이었다.

그러나 무장한 일본의 군인과 경찰은 이에 대해 무자비한 탄압을 감행했다. 심지어는 교회당에 마을 사람들을 몰아넣고 불을 지르기까지 했다. 3·1 운동으로 인해 희생된 한국인 수는 약 10만 명에 달했다. 그리고 40여 개의 교회당이 파괴되었다.

이러한 역사적 현실을 비판적으로 보는 사람들 가운데 일본의 한 지성인인 야나기 무네요시(柳宗悅)가 있었다. 그는 일본의 처사에 대해 공분을 느끼는 한편, 3·1 운동에서 보여 준 한국인의 숭고한 정신에 감동되었다. 그리고 그 정신적 뿌리가 한국인의 종교·예술적 혼에 있다는 것을 갈파했다.

야나기는 한국의 문화적 전통을 아는 사람이었다. 특히 예술적 아름다움(美)

최종영, 〈3·1독립 선언서 기념탑〉

의 창문을 통해 볼 때, 한국은 감탄하지 않을 수 없는 나라라고 했다.

야나기는 신라의 고도 경주를 방문했을 때, 8세기에 조성된 석굴암과 불상들을 보고 감격했다. 이것은 어떤 개인의 작품이 아니라 한국 민족 전체의 마음을 표현한 예술작품이다. 한걸음 더 나아가서는 한 나라 민족의 작품이 아니라 동양의 종교와 예술이 도달한 귀결점이라고 했다.

"예술의 생명은 영원한 종교를 드러내 보이는 데 있다." "나는 이 불상에서 조선이 이해해 온 불교가 얼마나 깊고 컸던가를 짐작할 수 있다. 이 작품에서 종교와 예술은 하나가 되어 있다."

그후 그는 한국의 도자기와 생활용품에 나타난 아름다움에 매료되어 '민예운동'을 전개하기도 했다.

3·1 독립운동과 이에 대한 일본의 탄압을 보면서 야나기는 일본의 신문과

잡지에 한국인을 격려하는 글들을 썼다.

동양의 황금시대를 만든 것은 고대 중국의 당나라 문화와 한국의 신라시대의 종교와 예술이었다. 예술은 민족의 내면적 정신과 역사적 경험의 표현이다. 예술은 민족을 영원하게 한다. 그 예술이 있는 한 그 민족은 사멸하지 않는다고 주장했다.

"국가는 짧고, 예술은 길다." "미래의 사랑은 승리를 자랑하는 일본이 아니라 한국의 예술에 모아질 것이다. 승리하는 것은 예술이요 칼이 아니다."

"힘있는 자는 자신에 의존하고, 즐기는 자는 자연에 산다. 그러나 슬퍼하는 사람은 하나님 안에 산다." 하나님 안에서는 슬픔이 예술적 미를 창조하게 한다. 비록 정치적으로는 식민지의 비극 속에 있다 할지라도 "조선에는 유구한 예술적 사명이 있다"는 것을 자각하고 자부해야 한다는 것이 그의 충고였다.

1922년이면 3·1 운동의 여파로 아직도 한국인들이 침울한 상태 속에 살던 때였다. 당시 동경에는 한인 유학생 약 400명이 있었다. 이때에 인도의 시성 라빈드라나드 타고르(Rabindranath Tagore)가 잠시 일본을 방문하게 된 것이다.

타고르의 조국인 인도 역시 영국의 식민지였다. 한인 학생들은 같은 처지에 있는 그에게서 어떤 지혜를 얻고 싶어 그의 숙소를 방문하고 장시간 그와 대화를 나누었다.

타고르는 한국인의 3·1 독립운동에서 강한 인상을 받고 있었다. 그리고 그간 영어로 번역된 야나기의 논문들을 통해 한국 문화와 예술에 대해 알고 있었다. 그리고 그는 한국에서 인류의 한 빛을 볼 수 있었던 것이다.

타고르는 한인 학생들과의 대화를 끝내고 헤어질 때에 넉 줄로 된 즉흥시 하나를 적어 건네주었다. 이것이 우리가 잘 아는 "동방의 등불"이다. 이것은 우리에게 민족적 긍지와 사명을 안겨 준 예언과도 같은 시다.

    아시아의 황금 시대에
    한국은 그 등불의 하나였다.
    그리고 이 등불은
    다시 켜지기를 기다리고 있다.

찬란히 빛날 동방의 등불이 되기 위하여.

In the golden age of Asia,
Korea was one of its lampbearers.
And that lamp is waiting to be lighted once again,
For the illumination in the East.
— Rabindranath Tagore

2) 종교-예술적 영성 : 풍류도

한국에서 다시 점화되기를 기다리는 동방의 등불은 유구한 예술적 사명을 감당하게 할 한국인의 얼이다. 그것은 고대 신라 문화를 꽃피게 했던 종교-예술적 영성이다. 이것을 9세기의 학자 최치원은 풍류도(風流道)라고 했다.

우리 나라에는 깊고 오묘한 도가 있는데 이것을 풍류라고 한다. 이것은 실로 삼교를 포함한 것이요(包含三敎), 모든 사람을 교화하여 참 사람이 되게 한다(接化群生)(《삼국사기》).

풍류도(風流道)를 문자적으로 번역한다면, "바람이 흐르는 길(Tao 또는 Logos)"이다. 동양과 서양을 막론하고 바람은 종교적 영을 상징한다. "바람은 불고 싶은 대로 분다. 너는 그 소리를 듣지만 어디에서 와서 어디로 가는지를 모른다. 성령으로 난 사람은 다 이러하다"(요한 3:8).

풍류도는 종교적 영성이다. 이것은 유교, 불교, 도교 등 삼교를 포함한 것이라 했다. 유교의 종지는 자기를 극복하고 천성으로 돌아가는 데 있고(克己復禮), 불교의 종지는 모든 집착을 버리고 일심(一心·佛心)으로 돌아가는 데 있으며(歸一心源), 도교의 종지는 인위적인 것을 버리고 대자연의 도를 따르는 데 있다(無爲自然).

여기에는 공통된 구조가 들어 있다. 곧 자기와 이 세상에 집착한 자아를 부정하고 하늘이 내린 천성으로 돌아감으로써 참 사람이 된다는 것이다.

이것이 풍류도의 종교적 기초이다.

이것은 기독교의 복음의 구조와도 서로 통한다. 기독교의 신앙은 그리스도의 십자가에 동참함으로써 나와 이 세상에 대하여는 죽는 것이며, 그리스도의 부활에 동참함으로써 새로운 존재가 되는 데 있기 때문이다(로마 6:3-5; 고후 5:17). 새로운 존재란 하나님의 자녀된 본래적인 인간 회복을 뜻한다. 이것이 곧 풍류도가 의도하는 인간화(接化群生)의 실상이기도 하다.

이러한 공통된 구조 때문에 풍류도를 지닌 한국인들은 기독교의 복음을 어렵지 않게 수용할 수 있었다. 선교한 지 한 세기만에 남한 인구의 4분의 1이 기독교인이 되었다는 것은 결코 우연한 일이 아니다.

'풍류'(風流)라는 단어는 또 하나의 의미를 가지고 있다. 곧 자연미와는 구별되는 예술적 아름다움을 뜻하는 낱말이다. 이것이 한국적인 미의식을 표현하고 있다.

신라 시대의 교육기관으로는 화랑제도가 있었다. 화랑이란 풍류도를 터득한 이상적인 청년을 뜻한다. 화랑제도는 풍류도의 함양을 목적으로 한 교육기관이다.

그들의 교육 과목은 세 가지로 구성되어 있다.

첫째는, 종교적 도의로써 인격을 연마하게 했다(相磨以道義). 도의는 삼교의 윤리적 가르침을 뜻한다.

둘째는, 노래와 춤으로써 서로 즐기게 했다(相悅以歌樂). 노래와 춤은 신령을 섬기는 제례양식에 속한 예술행위이다.

셋째는, 아름다운 산과 물가를 찾아 놀게 했다(遊娛山水). 명산 대천에는 하늘의 신령이 임재한다. 아름다운 자연 속에서 신령과 교제하는 것이 놀이이다.

위의 세 과목은 모두 종교적 기초를 가진 것이다. 거기에서 인생의 도리를 배우고, 예술을 익히며, 자연 속에 놀게 한다. 영적인 종교적 기초 위에서 인생과 예술과 자연이 하나의 조화를 이룬 상태를 불러 풍류라고 한다. 이것이 한국적 미의식이며, 한국인의 문화적 이상이다. 이러한 미적 이상을 실현하게 하는 영성이 곧 풍류도이다.

종교적 기초를 가진 풍류도는 창조적 예술혼(영성)이다. 옛 존재로서의 자기부정을 통해 새로운 존재로 승화된다는 종교적 원리는 곧 예술적 창조원리가 되기 때문이다. 예술은 예술가의 미적 이념의 형상화를 위해 이미 있는 옛 자료를 써서 새로운 작품을 만드는 창조 작업이다.

한국인의 미적 이념은 풍류이다. 풍류도는 풍류를 형상화하는 예술적 영성이다. 예술의 소재는 다양하다. 인격이 될 수도 있고, 종교가 될 수도 있고, 미술이 될 수도 있다. 풍류도는 모든 소재를 풍류의 차원으로 승화시킨다. 신라의 종교문화와 예술을 꽃피게 한 것은 풍류도였다.

예술은 주제와 소재를 매개로 작가의 미적 이념을 형상화한다. 그런 뜻에서 하나님의 우주 창조와 역사 경륜은 하나의 창조적 예술이다. 예술의 장르는 다양하다. 조형예술로서의 공간예술이 있는가 하면, 음악이나 문예와 같은 시간예술이 있고, 또한 연극이나 무용과 같은 시간·공간적 예술이 있다. 하

〈금동미륵반가사유상〉

나님의 역사 경륜을 하나의 예술로 본다면, 이것은 시·공간예술에 속한다. 말하자면 역사는 하나님의 거룩한 드라마인 것이다.

3) 거룩한 드라마

동방의 등불은 풍류도와 기독교와의 만남을 통해 다시 점화되기 시작했다. 그것은 현대 한국의 역사를 무대로 전개된 거룩한 드라마로 나타났다.

제2차 세계대전에서 일본이 패망하자, 그들의 식민지였던 한국은 해방되고, 1948년에 다시 독립국가가 되었다. 그러나 한반도는 남북으로 분단되어 북쪽

은 공산주의 정권이 지배하고, 남쪽은 자유민주주의 정권을 수립했다. 이것은 미국과 러시아의 갈등이 빚어낸 작품이었다.

동서 이데올로기의 대립과 갈등은 냉전에서 끝나지 아니하고, 1950년을 기해 드디어 전쟁으로 돌입했다. 한국전쟁은 세계 양대 진영의 군대들이 투입된 하나의 국제 전쟁이었다.

3년 간 계속된 전쟁 속에서 희생된 300만 명의 대부분이 한국인이었다. 말하자면 한국은 세계 양대 이데올로기의 대립과 갈등을 떠안고 대리전을 행한 희생양이었다.

그때로부터 반세기 만에 인류는 새천년을 맞이하게 되었다. 그리스도의 탄생으로부터 2000년이 지나고 다시 새천년을 맞이하게 된 것이다. 세계는 요란한 축제로써 새천년을 맞이했다. 그리고 각 민족이나 국가의 표정은 그들의 문화적 성격에 따라 다양했다. 그중에도 독자적인 의미 부여를 한 것은 한국인들이다.

1998년 "현대 재벌"을 이끌어 온 정주영 회장은 소떼 500마리를 몰고 남북의 유일한 관문인 판문점을 통해 북한으로 올라감으로써 한반도에 굵은 수직선을 그렸다. 이것을 본 프랑스의 한 문명비평가는 "금세기의 한 위대한 전위예술"이라 했다.

옛 천년을 마감하는 1999년 연말에는 10만 대의 자동차가 새천년의 해맞이를 위해 동해안을 향해 떠나갔다. 새해 첫 날 떠오르는 해를 맞이한다는 해맞이의 풍습은 한국의 오랜 전통이다.

소떼가 위 아래로 그린 수직선 위로 자동차 행렬이 가로지름으로써 한반도에는 거대한 십자가가 형성되었다.

새천년이 밝아오는 2000년 1월 1일 0시를 기해 판문점 임진각에서 백남준의 비디오 아트 <DMZ 2000>(DMZ는 비무장지대의 뜻)이 연출되었다. 임진각이란 소떼와 자동차가 만든 십자가의 중심을 상징하는 건물이며 장소이다. 이곳은 또한 수백만이 피를 흘린 한국전쟁의 상징이기도 하다.

임진각에 설치된 무대에는 남북을 가로막는 벽이 있고, 그 벽 양편에는 서양 악기인 첼로와 동양 악기인 비파가 걸려 있다. 그리고 무대 한가운데에 있는 사람은 악기의 스트링을 등에 지고 있다. 말하자면 인간 악기이다. 그 앞에

한반도의 십자가

앉은 악사가 활을 들어 그 악기를 연주한다. 곡목은 동서남북의 화합이다. 음율은 화합을 초래한다. 그러나 화합을 만드는 것은 악기가 아니라 사람이다. 인간 악기만이 세계의 화합을 가능하게 하는 것이다.

한반도의 동서남북으로 그려진 거대한 십자가와 그 중심에서 연출된 <DMZ 2000>은 골고다에서 연출되었던 그리스도의 우주적 행위 예술의 상징적 재현이다.

> 그리스도는 자신을 희생하여 유대인과 이방인을 하나의 새 민족으로 만드시고 평화를 이룩하셨다(에베 2:15; 고후 5:17 참조).

우리는 한국전쟁을 통해 수백만 명이 피를 흘려야만 했다. 그것은 동서 냉전 체제의 갈등을 대신 걸머진 희생이었다. 이것으로 인해 세계는 파국으로부터 벗어날 수 있었다. 그것은 한국이 세계의 갈등을 해소시키는 안전판의 역할을 했기 때문이다.

한국은 안전판으로서의 소극적인 역할만을 담당한 것이 아니다. 우리에게는 보다 적극적인 평화 창조의 사명이 주어져 있었다. 그 첫 작품이 "88 서울올림픽" 경기였다. 전 세계의 장정들이 서울에 모여 우호친선과 세계 평화의 실현을 다짐하며 국제 경기를 열었던 것이다.

이에 앞선 '84년 미국에서 개최된 올림픽에는 러시아가 불참했고, 또 '80년 러시아에서 개최된 올림픽에는 미국측에서 불참함으로써 반쪽 올림픽의 오명을 남기고 있었다. 그러나 서울올림픽에는 양 진영이 다같이 참석함으로써 사상 최대 규모의 올림픽이 열렸던 것이다.

이것은 한국이 식민지로부터 해방되고 건국한 지 40년 만의 일이었다. 마치 이집트로부터 해방된 지 40년 만에 약속의 땅 가나안으로 들어간 이스라엘 백성과도 같은 느낌이다.

서울올림픽 평화대회의 위원장으로 추대되어 평화선언을 한 이는 함석헌 선생이었다. 그는 한국사상에 투철한 풍류도인인 동시에 한국의 한 대표적인 그리스도인이다.

2002년을 맞이해서 한국은 또다시 세계의 젊은이들을 모아 월드컵 축구대회(2002 FIFA World Cup)를 개최하게 되었다. 이것은 새천년에 전개될 첫 세계 축구경기이다. 그런데 놀라운 것은 한국이 일본과 함께 공동으로 주최한다는 사실이다. 유례 없는 일이라고 한다.

한국과 일본은 역사적으로 서로 적대시해 온 나라들이다. 그런데 이번에는 Korea-Japan의 공동명의로 세계 평화를 기원하면서 양국에서 동시에 경기를 진행하게 된 것이다.

실로 해방으로부터 오늘에 이르기까지 한국에서 일어나고 있는 사건들은 세계의 화해와 평화를 주제로 한 일련의 드라마이다. 이것은 하나님이 연출하고, 세계와 한국이 출연한 하나의 거룩한 드라마(Divine Drama)이다. 그리고 한국이 이 드라마의 무대가 될 수 있었던 것은 한국인의 종교-예술적 영성, 곧 풍류도 때문이라고 믿는다.

그러나 우리에게는 아직도 남북 사이에 분단의 담이 남아 있다. 그것은 세계의 모든 갈등 해소를 위해 우리가 해야 할 사명이 남아 있기 때문이다. 그리고 그 갈등 해소는 정치-경제적 방법에 의해서가 아니라 종교-예술적 문화 창조를 통해 성취되리라고 믿는다.

여기에 한국 기독교가 지닌 새로운 의미의 선교적 사명이 있다.

에필로그

포구(浦口)에 서서

고향을 그리며 바람 따라 흐르다가
아버지를 만났으니 여기가 고향이라
하늘 저편 가더라도 거기 또한 여기거늘
새 봄을 노래하며 사랑 안에 살으리라

소금, 〈휴식〉, 2001

포구(浦口)에 서서

1) 주상관매도(舟上觀梅圖)

　2000년 가을이면 정은과 내가 결혼한 지 꼭 50년이 된다. 흔히 금혼식이라 하여 잔치를 벌이기도 한다. 그러나 우리는 쉬는 겸해서 여행이나 다녀올 생각이었다.

　30여년 간 이화여대에서 교수생활을 하다가 은퇴한 정은은 여생을 사회봉사에 바칠 생각이었다. 그리하여 '휜돌회'를 조직하고 젊은 재소자들과 출소자들을 돌보며 동분서주하기 시작한 것이 어느덧 5년이나 되었다.

　얼마 전부터 몸에 이상을 느끼던 그는 휜돌회 창립 5주년 행사를 마치자 병원에서 진찰을 받았다. 그런데 뜻하지도 않게 자궁암 3기말이라는 진단이 나왔다. 그리하여 12월에 큰 수술을 받고, 성탄절 전날에 겨우 퇴원했다.

　우리들의 금혼식은 병원에서 치른 셈이다.

　나는 주변에서 암환자들을 많이 보아 왔다. 그러나 이것을 나와 직결된 일로 생각해 본 일은 거의 없었다. 그런데 이제 이것이 우리의 현실이 된 것이다. 암은 죽음을 연상케 한다. 죽음에 대한 지금까지의 나의 생각은 바로 암에 대한 나의 태도와 마찬가지였다. 그러나 이제는 나의 여생과 죽음에 대해 진지하게 생각하지 않으면 아니 되게 되었다.

　따지고 보면 나는 이미 80이다. 이제는 또 하나의 새 세계를 향해 배를 띄워야 할 포구에 와 서 있는 것이 아니겠는가?

　내 머리에 떠오르는 것은 단원 김홍도(1745~1806?)의 만년작 <주상관매도>이다. 작품 왼쪽 아래 끝머리에 산자락이 보이고, 바로 그 뒤에 배 한 척이 떠 있다. 비스듬히 앉아 피안을 바라보는 한 노인 앞에는 주안상이 차려 있고, 그 맞은편에 동자가 앉아서 시중들고 있다. 안개가 자욱한 물 건너 피안에는 언덕이 보이고, 그 위에 꽃나무 몇 그루가 있다.

그림 중턱에 적어 넣은 화제는 이러하다.

老年花似霧中看
늙은이 되어 보는 꽃은 안개 속에서 보는 듯하다.

이 글은 당나라의 시성 두보(杜甫)가 772년 그가 죽던 해에 배 안에서 읊은 시의 한 구절이다. 두보는 만년에 내란 속에서 가족들과 함께 배를 타고 양자강을 따라 방랑하다가 배 안에서 세상을 떠난 시인이다.

정조의 총애를 받던 단원은 예술가로서 화려하고 유복한 생활을 해 왔다. 그러나 1800년에 정조가 승하한 후의 그는 고독과 빈곤과 신병 속에서 만년을 맞이해야만 했다. 그는 겨우 회갑을 넘긴 나이였지만 자신의 죽음을 내다보며 <주상관매도>를 그렸던 것이다. 그리고 다음과 같은 시조 한 수를 또한 남겼다.

봄 물에 배를 띄워 가는 대로 놓았으니,
물 아래 하늘이요, 하늘 위가 물이로다.
이 중에 늙은 눈에 뵈는 꽃은
안개 속인가 하노라.

<주상관매도>와 위의 시는 그의 생애와 사상을 형상화한 하나의 아름다운 작품이다. 시·서·화뿐만 아니라 음악에도 능했던 단원은 일엽편주에 몸을 싣고 술잔을 기울이며 세월 흐르는 대로 무위자연(無爲自然) 속에 풍류를 만끽하며 살아왔다. 그는 푸른 소를 타고 함곡관을 떠나 홀연히 사라졌다는 무위도사 노자를 즐겨 그렸다. <노자출관도>나 <선인기우도>(仙人騎牛圖) 등이 그것이다.

흐르는 물과 영원한 하늘은 둘이면서 하나이다. 물 속에 하늘이 있고, 하늘

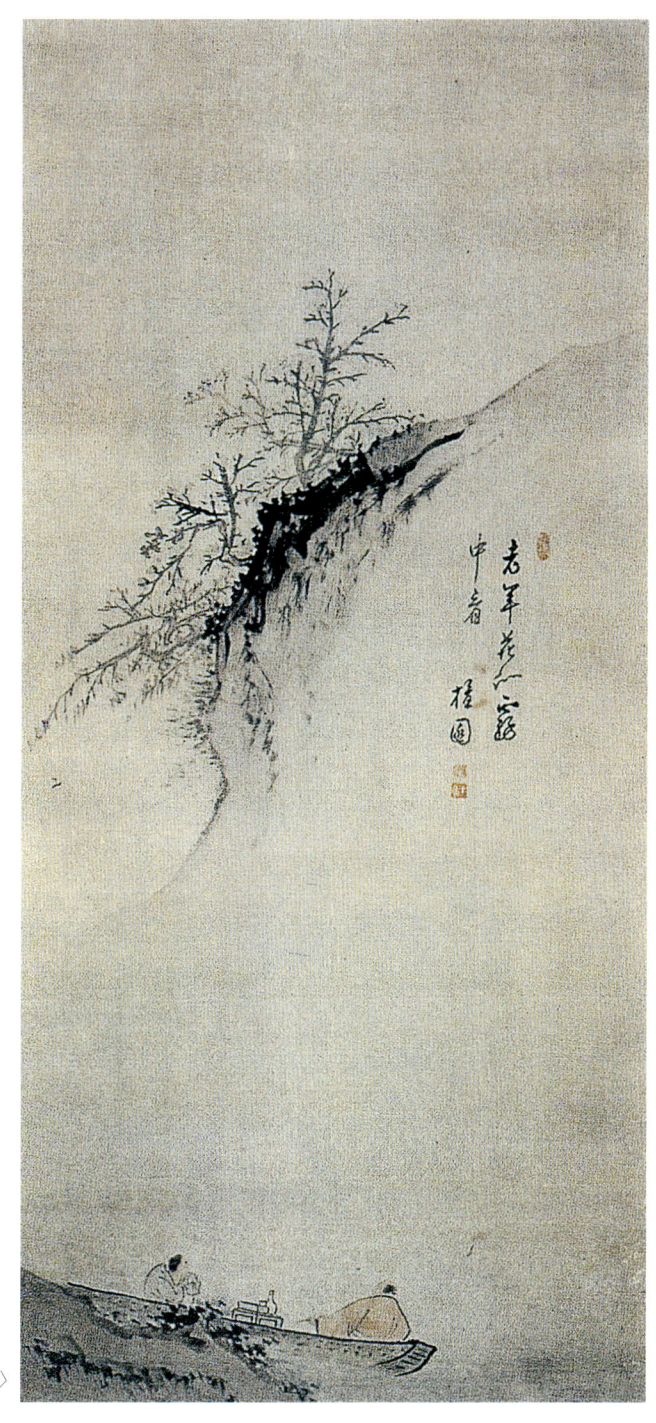
단원, 〈주상관매도〉

에필로그: 포구에 서서

속에 물이 있다. 깨닫고 보면 색(형상)이 바로 공(영원)이요, 공이 곧 색이다. 예술이란 형상을 통해 영원한 실상을 표현하는 작업이다. 단원은 어명을 받들어 수원 용주사의 후불탱화를 그리기도 했지만, <남해관음도>와 같은 불교 미술의 걸작을 남긴 종교화가이기도 하다.

사람은 늙고 병들어 죽게 마련이다. 그러나 종교는 영원한 생명을 가르치고, 예술은 영원한 아름다움을 추구한다. 그러므로 종교·예술적 인간에게는 죽음이 인생의 끝이 아니라 또 하나 새로운 세계로의 출발점이다. 죽음의 겨울은 영원한 것이 아니다. 봄이 오고 꽃이 피게 마련이다.

엄동설한을 뚫고 먼저 피는 꽃은 매화이다. 배 안에 앉은 단원은 피안에 핀 매화를 바라보고 있다. 그러나 죽음의 신비만은 여전히 안개 속에 감추어져 있었다.

도연명의 자제문(自祭文)이 생각난다. 그는 비록 가난 속에 살았지만 책을 읽고 음악을 즐기며 술을 마시고 마음껏 시를 읊는 등 여한이 없는 삶을 살았다. 그럼에도 불구하고 제문 끝은 이런 말로써 마무리하고 있다.

  人生實難 인생이란 실로 어렵구나
  死如之何 죽음이란 과연 어떠한 것이냐
  嗚呼哀哉 오호라 슬픈 일이로다

2) 우주적 사랑의 공동체

동서를 막론하고 인간의 삶과 죽음에 대한 이해에는 어느 공통 기반이 있는 것 같다.

첫째, 인간은 육체와 영혼으로 구성되어 있으며, 육은 땅에서 온 것이요 영은 하늘에서 온 것이다.

둘째, 인간은 죽게 마련이며, 죽음은 영과 육의 분리를 의미한다. 분리된 육은 땅으로 돌아가고, 영은 하늘로 돌아간다.

셋째, 인격의 본질은 썩어질 육에 있는 것이 아니라 불멸의 영혼에 있다. 따라서 사후에도 인생은 계속된다.

사후의 세계에 대한 견해에는 몇 가지 유형이 있다.

첫째는 무덤을 통해 연상되는 어둡고 차디찬 세계이다. 돌아올 수 없는 지옥이다. 그러므로 "죽은 자들의 왕이 되기보다는 차라리 가난한 농부의 노예가 되기를 바란다"(호머, 《오딧세이》).

둘째는 영혼이 돌아갈 하늘을 통해 연상되는 밝은 세계이다. 이 세상의 속박과 무지와 고난에서 벗어난 자유와 평화의 낙원으로 본다(장자, 소크라테스).

셋째는 지옥과 낙원은 함께 있으며, 그 선택은 각자가 책임질 문제이다. 이 세상에서 자신이 택한 삶의 형태가 사후 세계의 형태를 결정한다고 보기 때문이다(불교, 기독교).

성서를 통해 본 인간은 하나님의 피조물이다. 흙으로 육신을 만드신 하나님은 자신의 생명을 불어넣으심으로써 산 인간이 되게 하셨다. 따라서 죽음은 하나님의 생명을 잃는 데서 오는 것이며, 그 원인은 인간이 하나님의 뜻을 저버리는 데 있다.

구약성서에 따르면 하나님의 뜻은 율법에 나타나 있다. 그것은 마음과 정성을 다하여 하나님을 섬기고 이웃 사랑하기를 네 몸같이 하라는 경천애인(敬天

소금, 〈늦가을〉, 1990

에필로그: 포구에 서서

愛人)으로 집약된다. 이것을 거역하는 것이 죄요 죄는 사망을 초래한다.

하나님은 산 자의 하나님이요, 죽은 자의 하나님이 아니다. 죽은 자는 하나님과의 관계가 끊어진 존재이다. 그러므로 삶은 하나님의 축복이요 죽음은 저주이다(신명 30:19, 20). 따라서 히브리인들이 존중한 것은 이 세상에서의 하나님의 축복이었다. 그들이 율법을 무엇보다 중요시한 것도 이 때문이다.

히브리인들에게는 사후의 세계보다 하나님의 뜻이 이루어지는 이 세상에서의 삶, 곧 역사가 중요했다. 우리가 하나님을 구체적으로 만날 수 있는 장소는 우리의 마음과 함께 인간의 집단적 인격체인 역사이기 때문이다(함석헌).

그러나 천지를 창조하신 하나님은 이 세상과 마찬가지로 사후의 세계에도 계시다는 것을 또한 믿었다. "내가 하늘에 올라갈지라도 거기 계시며, 음부에 내 자리를 펼지라도 거기에 계시다"(시편 139편)는 것이 그들의 신앙고백이었다.

구약신학을 전공한 장공 김재준(1901-1987)의 신앙과 선교적 과제는 사후에 천당가는 데 있는 것이 아니라 이 세상에 하나님의 뜻이 이루어지게 하는 데 있었다.

> 우리는 이제 한국을 우리의 소재로 받았다. … 한국 역사를 그리스도의 천국 역사로 변질시키는 업무를 하나님께로부터 받은 것이다〈십자군〉, 25호).

장공은 이 소임을 다하기 위해 두 방향에서 헌신해 왔다. 하나는 올바른 교회 지도자 양성을 위한 신학 교육이요, 또 하나는 불의한 현실에 대한 저항과 개혁운동이었다. 그는 부당한 교권에 맞서서 교회 혁신운동을 감행했고, 군부독재정권이 인권을 유린하자 분연히 일어서서 민주화 투쟁에 앞장섰던 것이다.

그러나 만년에 이르자 그의 시야는 하나님의 우주로 넓어져 갔다.

1983년, 인생의 가을을 맞이한 그는 단풍이 짙은 캐나다의 한 숲 속을 산책하던 중 "영감 같은 것이 떠올라" 삼위일체 하나님께 대한 찬가와 함께 자신의 신앙을 읊었다.

이 우주는 하나님의 집
하늘 위 하늘 아래
땅 위 땅 아래
모두 모두 아버지 집

장공이 말하는 우주는 자연과학적 대상으로서의 우주만이 아니라 영성세계를 포함한 것이며, 인간의 생전의 세계와 함께 사후의 세계까지도 포함한 '범우주'를 뜻한다. 이것이 아버지 되신 하나님의 우주이며 그의 집이다. 우리는 그 안에 살고 있는 하나님의 자녀들이다. 그러므로 이 땅에서의 죽음은 인생의 끝이 아니라 또 하나의 새로운 세계를 열어 가는 새벽인 것이다. 죽음 너머의 저 세상 역시 아버지의 집이며 우리들의 고향이기 때문이다.

장공은 시편 139편에 가탁하여 다음과 같은 후렴을 읊었다.

새벽 날개 햇빛 타고
하늘 저편 가더라도
천부님 거기 계셔
내 고향 마련하네

그는 계속해서 이렇게 읊었다.

이 눈이 하늘 보아
푸름이 몸에 배고
이 마음 밝고 맑아
주님 영광 비추이네

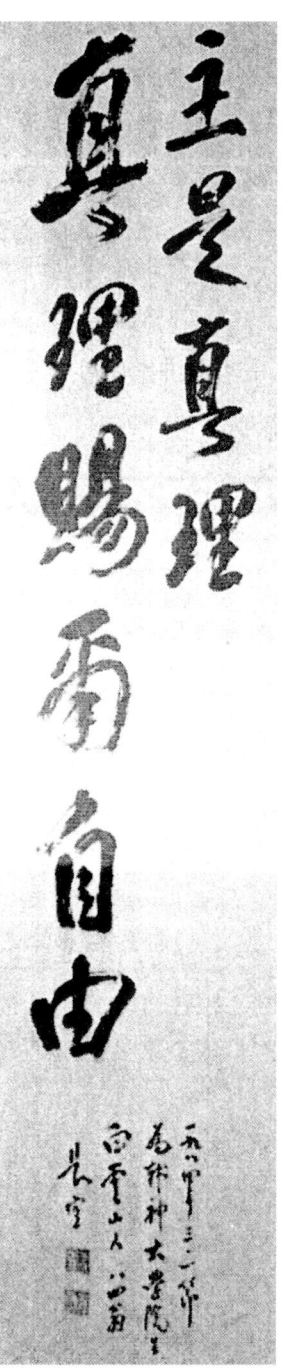

장공의 휘호, 1984

김재준의 아호 장공(長空)이라는 말에는 두 가지 뜻이 들어 있다. 하나는 무한한 하늘로서의 구만리장공(九萬里長空)이요, 또 하나는 무아장공(無我長空)이다. 곧 무엇에도 집착 없는 무소유의 빈 마음이다. "무소유의 빈 마음(空) 속에 몰려드는 사랑의 회오리 바람"을 안고 살아온 것이 그였다.

푸른 하늘로서의 창공은 자연 질서에 속하는 것이며, 무아는 영적 질서에 속하는 것이다. 전자가 개체적인 한국 역사를 담는 그릇이라면, 후자는 보편적인 하늘나라를 담는 그릇이다. 장공은 바로 이 두 질서가 하나로 어우러진 곳에서 참된 삶을 찾으려고 했다.

땅에서 소임 받아
주님 나라 섬기다가
주님 오라 하실 때에
주님 품에 안기나니

우주는 아버지의 집이요 사랑의 공동체이다. 보내심을 받아 이 땅에 왔던 그는 그의 소임을 다하다가 주님이 부르시는 날 영원한 고향 아버지의 품으로 돌아가리라고 읊었다.

3) 고향의 노래

예술에서 영원한 세계에 접할 수 있었던 단원은 자신의 삶을 아름다운 풍경으로 묘사했다. "봄 물에 배 띄워 가는 대로 놓았으니, 물 아래 하늘이요 하늘 위가 물이로다." 그리고 머지않아 포구를 떠나게 될 그는 피안에 핀 매화를 바라보았다. 그러나 안개가 짙은 죽음의 항로를 헤쳐가야 할 불안을 떨칠 수가 없었다. "이 중에 늙은 눈에 뵈는 꽃은 안개 속인가 하노라."

"이 땅에 소임받아 주님 나라 섬기다가" 포구 앞에 서게 된 장공은 맑고 밝은 바다를 내다보며 평화를 느꼈다. 수평선 너머 하늘 저편에도 아버지가 거기 계셔 우리들의 고향을 만드시는 모습을 보았기 때문이다.

나도 이제는 피안을 향해 배를 띄워야 할 포구 가까이 와 서 있다. 선인들과

소금, 〈산수유 꽃 마을〉, 2000

마찬가지로 지난날들이 주마등같이 스쳐간다. 그리고 그들과 함께 하늘 저편을 그려 본다.

> 고향을 그리며 바람 따라 흐르다가,
> 아버지를 만났으니 여기가 고향이라.
> 하늘 저편 가더라도 거기 또한 여기거늘,
> 새 봄을 노래하며 사랑 안에 살으리라.

내가 평생 그리며 살아온 곳은 자유와 아름다움이 지배하는 평화의 고향이며, 내 모습 있는 그대로 받아 주실 어머니의 품이었다.

고향을 찾아가는 나그네의 길은 언제나 불안하기만 했다. 나는 그때마다 향방을 찾아야 했고, 계획을 세워야만 했다. 그러나 지난날들을 되돌아보면 내가 홀로 계획하고 그대로 살아온 것이 아니었다. 실은 바람에 밀려 물 흐르는 대로 따라온 인생에 지나지 않았다.

에필로그: 포구에 서서

몇 차례 생사의 고비를 넘긴 것이나, 공부하게 된 경로나, 직장을 전전한 일이나, 믿음의 우여곡절 등. 지금 와서 생각해 보면 내가 걸어 왔다기보다는 바람(성령)에 밀려 흘러온 데 지나지 않는다. 내가 즐겨 쓰는 풍류(風流)라는 말에는 멋스러움보다는 바람 따라 흐른다는 뜻이 더 강할 듯하다.

그런데 바람이 나를 밀어붙인 곳은 놀랍게도 하늘 아버지가 계신 고향이었다. 내 모든 부족함을 감싸 주시고 채워 주시는 어버이가 계신 고향이다.

나는 그리스도의 십자가에 의한 구원과 부활의 영원한 생명을 믿으며, 그것을 규명해 보기 위해 신학의 길을 걸어왔다. 그리고 그 믿음과 학문을 하나로 수렴하게 하는 하나님의 말씀을 요한복음에서 찾을 수 있었다.

십자가에서의 죽음과 부활, 그리고 성령이 오실 "그 날이 오면, 너희는 내가 아버지 안에 있고, 너희는 내 안에 있고, 또 내가 너희 안에 있음을 알게 되리라"(요한 14:20)고 하신 그리스도의 말씀이 그 핵심이다. 이것을 그림으로 그린다면 3원색으로 된 삼태극도가 된다. 셋이면서 하나의 동그라미를 그리고 있다.

삼태극은 하늘과 땅과 사람이 하나의 조화를 이룬 우주를 나타내는 것이며, 종교와 예술과 인생이 하나로 어우러진 풍류도의 구조를 나타내는 형상이기도 하다. 그로부터 삼태극은 항상 나의 신앙과 삶의 화두가 되어 왔다.

우리는 이제 그리스도로 말미암아 하나님과 하나가 된 것이다. 하나됨이란 파기될 수 없는 천륜으로서의 아버지와 자녀 사이가 된 것을 뜻한다. 이것을 다시 천명한 것이 부활하신 그리스도의 말씀이다. "내 아버지 곧 너희의 아버지, 내 하나님 곧 너희의 하나님께로 올라간다"(요한 20:17)고 하신 것이다.

하나님과 우리 사이를 파기할 수도 있는 계약 관계(유대교)가 아니라 불가분리의 혈연 관계로 변하게 한 것이 그리스도의 복음이다. 부모의 사랑은 무조건적이다. 여기에 우리들의 구원의 근거가 있다.

어버이가 계신 곳이 고향이다. 아버지를 만났으면 여기가 고향이다. 영원한 생명과 안식처는 내세에 가서 비로소 만나는 것이 아니다. 그리스도의 말씀을 듣고 하나님을 믿는 사람은 "심판을 받지 아니하고 이미 죽음에서 생명으로 옮겨졌다"(요한 5:24). 영생은 이미 여기에서 시작된 것이다. 우리는 이 세상에서 이미 죽음으로부터 부활한 자로서 살아간다. 곧 부활하신 그리스도와 함께 생사의 세계로부터 자유하는 것이며, 아버지 하나님이 우리와 함께 계신 평화를 누리는 것이며, 우리 안에 임재하신 성령에 힘입어 창조적인 사랑의 삶을 살아가는 것이다(요한 20:19-23).

"나는 부활이요 생명이니, 나를 믿는 사람은 죽어도 살겠고, 살아서 믿는 사람은 영원히 죽지 아니하리라"(요한 11:25)는 것이 그리스도의 말씀이다. 이 세상과 저 세상 사이의 담이 무너진 것이다. 십자가의 죽음으로써 인간의 죽음을 말살했기 때문이다.

머지 않아 새벽이 동틀 때 수평선 너머 하늘 저편을 향해 포구를 떠나야만 한다. 그러나 그곳 역시 아버지의 집이요, 우리들의 새로운 고향이다. 새 하늘과 새 땅이 열리고 새 생명이 꽃피는 봄 동산이다. 샤론의 꽃향기 속에 노래로써 화답하는 새 고향이다. 우리는 아버지의 품 안에서 살 것이며, 내가 아는 모든 사람들과의 사랑 속에서 살게 될 것이다.

아름다운 우주적 사랑의 공동체 속에서 영원히 살 것을 믿는다.

감사의 말

고맙게도 내 팔순을 기억해주는 이들이 있었다. 그중에도 한국문화신학회의 창립회원인 이계준 목사, 김경재 교수, 김광식 교수, 이정배 교수 등 여러분이 떠오른다. 그들은 내 고희를 기념하여 《한국종교와 한국신학》을 펴냈었다. 그런데 이번에는 또다시 내 팔순을 계기로 《한국문화와 풍류신학》을 펴내기로 한 것이다. 그들에 대한 내 고마운 마음 그지없다. 특히 한국문화신학회의 이름으로 펴내게 된 것을 영광으로 생각한다.

또한 이번 출판 계획을 위해 처음부터 관여하고 적극적로 추진해 온 한들출판사 사장 정덕주 목사에게 감사를 드린다. 그는 이 책뿐만 아니라 내 자서전격인 신학적 수필집 《종교와 예술의 뒤안길에서》를 아울러 출판하기로 한 것이다. 이것은 그간 16회에 걸쳐 〈기독교 사상〉지에 연재했던 글을 다시 편집한 책이다. 그간 지면을 할애해 준 〈기독교 사상〉 편집진 여러분에게 이 자리를 빌려 감사 드린다.

2002년 10월
유동식